克罗期货技术分析新指南

[美] 斯坦利·克罗 著

韩雷明 陈瑞华 译

山西出版传媒集团
山西人民出版社

图书在版编目（CIP）数据

克罗期货技术分析新指南／（美）斯坦利·克罗著；韩雷明等译.—太原：山西人民出版社，2018.11

ISBN 978-7-203-10478-0

Ⅰ.①克… Ⅱ.①斯… ②韩… Ⅲ.①期货交易–指南 Ⅳ.①F830.93-62

中国版本图书馆 CIP 数据核字（2018）第 165383 号

克罗期货技术分析新指南

著　　者：（美）斯坦利·克罗

译　　者：韩雷明　陈瑞华

责任编辑：秦继华

复　　审：赵虹霞

终　　审：孔庆萍

出 版 者：山西出版传媒集团·山西人民出版社

地　　址：太原市建设南路 21 号

邮　　编：030012

发行营销：0351-4922220　4955996　4956039　4922127（传真）

天猫官网：http://sxrmcbs.tmall.com　电话：0351-4922159

E-mail：sxskcb@163.com　发行部

　　　　　sxskcb@126.com　总编室

网　　址：www.sxskcb.com

经 销 者：山西出版传媒集团·山西人民出版社

承 印 者：三河市京兰印务有限公司

开　　本：710mm×1000mm　1/16

印　　张：14

字　　数：163 千字

印　　数：1-5100 册

版　　次：2018 年 11 月　第 1 版

印　　次：2018 年 11 月　第 1 次印刷

书　　号：978-7-203-10478-0

定　　价：68.00 元

如有印装质量问题请与本社联系调换

译者序

早在 20 世纪 90 年代，国内很多投资者在从事股票和期货交易时可能曾经研究过由斯坦利·克罗创建的多个技术分析指标。斯坦利·克罗是大家非常熟悉的期货分析专家，他的《期货交易策略》和《职业期货交易者》是对自身投资经历和投资策略的总结，经我们引进翻译介绍给中国的期货投资者后，获得了非常好的市场反响。

本书由斯坦利·克罗结合传统的风险控制和资金管理策略，构建了全新的动态价格风险控制指标，对技术形态识别、指标调整和价格预测提供了一系列的解决方案。更重要的是，作者不仅提供了使用这些新指标的教程，而且展示了运用这些交易技术和策略的现实场景。读者掌握这些投资指标和技术，有助于建立适合自身交易习惯的有效交易系统。当然，这种基于新技术的交易系统对证券、期货、外汇等金融投资都是适用的。

本书由我和美国伊利诺理工大学斯图尔特商学院金融学硕士韩雷明先生共同编译完成，是我们对国外金融书籍引进并消化吸收的又一次尝试。由于对作者及其原著的理解存在诸多不足，译作难免瑕疵，敬请读者和业内专家指教。

陈瑞华

2017 年 10 月

于天津

克罗期货技术分析新指南

随着每一秒价格的跳动，你所关注的市场正在挑战你持有的头寸。但你所选用的那些技术指标到底是在帮助还是在干扰你的交易行为呢？这些指标能否及时处理和响应大量瞬息万变的电子数据呢？它们能否持续发出你所需要的获利信号？或者这些信号根本就毫无作用，甚至还会导致致命的决策？这些指标是否适用于建立在客观决策和审慎风险控制策略的交易系统中呢？你的风险控制策略能否使你积极主动地管理自己的交易？如果不是，请翻看本书。书中所设计的新一代强有力的技术指标能够让你在当今市场中先人一步。

在这本终极指南中，顶级分析师、优秀交易员斯坦利·克罗将向你展示他们采用传统风险控制和资金管理策略的最新、最具前景的价格分析方法。其结果是可开发出具有个性化的盈利型交易系统。它可自动适应市场波动，发出可靠的进出场信号，精确评估开仓与已有持仓风险，优化投资组合。

本书对传统交易系统基本模块的构建进行了重新定义：从移动平均线到动量摆动指标；从价格形态到盈利能力模板。学习如何将大众化的、静态的技术指标——RSI、MOM、KD，以及其他更多指标——转换成比它们的静态前辈们具有更大灵活性的动态价格震荡指标。取材于现实商品市场、货币市场和股票市场交易场景的详细教案和丰富的插图，为测试这些震荡指标提供了具体规则。因此，你可以很容易地使这些指标适应自己的交易风格。你会发现如何：

- 对下一交易日及之后交易日的价格进行预测；掌握对趋势强度进行量化回归分析的基本要素；探寻趋势将要发生变化的早期预警信号；使交易更客观、更少情绪化。
- 根据市场动量和波动率调整动态移动平均线的有效步长，以对其进行切换；继而可以设置独特的止损点；为突破型交易系统开发交易带；并精确定位阻力位和支撑位。
- 改善对 K 线型态的可识别性。采用 Qstick 能将内部动量和影线都进行量化，将过去对 K 线型态的考量转变为研究 Qstick 所产生的客观数字。
- 利用强有力的新指标来控制风险。你会发现用在以下方面的那些最热门的新指标：创建价格—时间模板以截断亏损，并使交易者成为现金流快速上升的赢家；学习如何利用"最大有利变动幅度"指标来积极管理敞口头寸的交易；采取预测价格范围的模拟仿真方式为任何市场可能发生的不测事件做好准备；并使用波动率止损点以确定进场或出场时机。

在当今竞争激烈的期货市场及其他金融市场，成功取决于对瞬息万变的市场信息的掌控，并利用它们做出迅速的、明智的、战略性的交易和投资决策。作为一本颇具前瞻性的指南和胜多负少的抓手，本书唯一目的就是提高盈利率，以最小风险获取更大的交易利润。

前　言

这是一本有关新技术指标的书。你会发现这些指标很有用，因为尽管市场已经发生了变化，但技术指标却没变。用于分析的"思考物件"已经落后于交易硬件和软件。

这是一本中级水平技术分析读物，需要读者具备交易、技术分析、电脑、电子表格，以及技术分析软件方面的知识。

本书中的指标可分为价格分析和风险控制两大类，简单描述如下：

- 线性回归分析可对所制定的交易计划中，有关趋势及目标价格进行量化分析。
- VIDYA 是一个可调节步长的、与波动率和动量指标挂钩的指数平均线指标。
- Qstick 是一种量化的 K 线，它给出的是一个可观察的数字，而不是模糊的形态。
- 新动量摆动指标是相对强弱指数 RSI 的衍生产物，能帮助克服 RSI 在使用中的局限性。
- 市场推力指标是对阿姆斯指数的一种改良。
- 最大有利变动幅度指标用于分析失败交易的盈利能力，

    这对于积极管理新的交易很有帮助。

- 波动率止损法是依据波动率而进行的推进止损。
- 对典型市场轮廓的描述可以展示来自你交易模型的某次典型交易的价格——时间的演变过程，对管理敞口头寸很有用。
- 价格目标常常用于某个具体交易计划的制定。

    我们将使用教案和实例详尽解释我们的指标，给出期货、指数、股票或共同基金的具体交易规则。最后一章介绍了如何将这些指标组合成独特的强大交易系统。我们希望能发挥你的自身努力，使我们的新指标适应你的交易风格，这将使你在当今残酷的市场中分析能力占优。

致 谢

现代技术分析软件是本书的核心。感谢佛罗里达州迈阿密 O-mega 研究所的 Bill Cruz，为我们提供了系统编程软件和图表绘制软件，我们喜欢这两种功能强大和简单实用的软件。我们还要感谢犹他州 Allan McNichol 和盐湖城 Equis 国际公司技术人员的测试软件，市场推力指标就是根据它们的软件数据开发的。文中的许多图表都是根据来自佛罗里达州波卡拉顿的 Commodity Systems 公司提供的数据绘制而成。我们还使用了位于加利福尼亚州洛斯阿尔托斯市的 Technical Tools 公司提供的数据，使用的是他们的 Continuous Contractor 软件。

任何一本书，如果没有对原稿进行多次修改都是不完善的。感谢 Nauzer Balsara 对本书早期版本的评论。也要感谢《Technical Analysis of Stocks and Commodities》杂志编辑 Thom Hartle，他对早期书稿进行了审核。Jack Hutson，《Stocks & Commodities》一书的出版商，允许我们使用该书刊载的相关文章。

"舵手证券图书"开篇序

20世纪末，随着中国证券投资市场的兴起，我们怀揣梦想与激情，开创了"舵手证券图书"品牌，为中国投资者分享最有价值的投资思想与技术。

世界经济风云变幻，资本市场牛熊交替，我们始终秉承"一流作者创一流作品"的方针，与约翰威立、培生教育、麦格劳-希尔、哈里曼、哈珀·柯林斯等世界著名出版机构合作，引进了一批畅销全球的金融投资著作，涵盖了股票、期货、外汇、基金等主要投资领域。

时光荏苒，初心不改，我们将一如既往地与您分享专业而丰富的投资类作品。我们以书会友，与天南海北的读者成为朋友，收获了信任、支持。许许多多投资者成为我们的老师、知己，给予我们真诚的赞许、批评、建议。更有一些资深人士由此成为我们的编辑、翻译、评审，这一切我们感念于心。

我们希望与每位投资者走得更近，希望在"知识领航财富人生"理念指引下，打造综合型投资交易学习社交平台——"舵手汇"（www.duoshou108.com），通过即时动态、视频直播、有声读书、电子图书、在线聊天、知识问答、活动报名、读书会、打赏提现等多项功能，服务会员的读书分享、实战交流以及知识变现。"舵手汇"不定期邀请作者、嘉宾与会员对话，为读者答疑解惑，分享最新交易技术与理念。在这里，您可以与华尔街投资大师亲密接触；在这里，您可以与全国最聪明的投资者交流切磋；在这里，您可以体验全球最新最全的投资技术课程。这里，必将因为有您而精彩！

目 录

第1章　庞大的指标群

技术分析中不乏各类技术指标。我们知道，技术指标是建立在或以价格、或以成交量、或同时以两者为基础的分析价格行为的数学公式。通常的价格分析软件带有超过 50 个以上的内置指标。如此之多的价格指标不禁让人怀疑：指标是否太多了？事实上，许多价格指标非常相似，如果同时使用它们会造成冗余。

指标的显著失败率

即使是最好的指标也不可能 100% 的实时有效，因此指标的使用是一个百分比的游戏。由于每个指标都有显著的失败率，于是交易者开发了许多指标来分析价格。因为价格变化的随机性是指标失效的原因之一，因此交易者使用多个指标来相互确认指标所发出的信号。他们认为指标的一致性会使信号看上去更为正确。

你能识别图 1.1 中显示的是股票、商品，还是指数吗？根据众所周知的技术分析原理，注意价格的最高点在 A，随后在 1 月份和 2 月份开始呈下跌趋势。当在 26.00 价位水平支撑失败后下跌趋势加速。3 月下旬，价格在做了一个圆弧底后，最终在抛售高潮 B 处反弹。

　　随后，价格沿着一个狭窄的上升通道回升到 26.00 价位水平附近，先前的支撑位变为新的阻力位，价格进入一个箱体区间。26.00 的阻力位标注为 C，其大致位于从 A 点下跌到 B 点的 50%回档位。可以观察到，在底部附近有锤形线和十字星形态，在箱体中出现的陀螺线（指上、下影线较长，但实体很短的 K 线），以及在顶部出现的吊颈线（指下影线较长、实体较短的 K 线，由于其形状与绞架颇为相似，故而因此得名）。

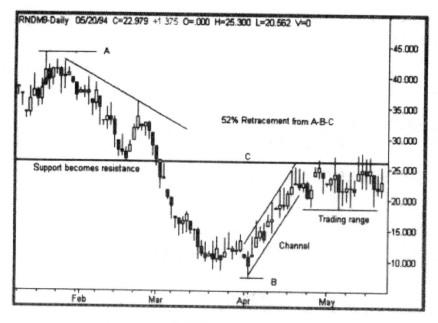

图 1.1　一张随机生成的价格 K 线图

　　如果你没有识别出图 1.1 中的价格图表是虚拟的也别失望。我们使用一个随机数发生器和一张电子表格就能模拟实际价格。不过，在实际价格图表中显示出的许多特征，诸如支撑位和阻力位、圆形底，以及 50%回撤位等，不大会在一张随机生成的价格图表中都能找到。某些技术分析要素的出现可能仅仅是纯粹的偶然，因此，它们的失败率具有不确定性。

我们通常不知道价格变化的真正原因，但我们能够推测出价格是否已经超买或超卖，或是否存在阻力或支撑。事后为市场行为找到一个合理的解释并不难，但你必须使用客观的价格分析方法来做出与价格的随机变动相吻合的交易决策。你还应该使用严格的风险控制措施来应对价格的意外变动情况。

本书所提供的新内容应该对你有所帮助。我们的那些用于价格分析和风险控制的新指标将帮助你克服现有指标的关键局限，最终将提高你的交易盈利能力。

众多指标的相似性

你可以在不同的书籍或软件手册中找到对各种指标的简单描述，但你很少能看到这些指标的推导过程，或是对指标的新特点及独特之处的分析描述。因此有理由要问：这些指标意味着什么？在此，我们将检测几个流行的价格指标，揭示它们的相似程度。

这些受欢迎的指标都是在某种形式上用于衡量价格动量的，包括：定向运动系统指标（DMS）、动量指标（MOM）、相对强弱指标（RSI）、随机震荡指标（KD）和顺势指标（CCI）。威廉指标（%R）也是对随机震荡指标的补充，因此，它与随机震荡指标具有相同的效果。至于价格变动率指标（ROC），根据其定义，也属于对价格动量的一种计算方法，因此，我们将不再单独讨论它。对于价格波动线，只不过是对价格进行了平滑处理，其与动量指标（MOM）相似。

图表的相似性

以下使用菲利普莫里斯公司（MO）的股票价格图表，希望通过视觉来分辨这些指标的相似程度。图 1.2 是 MO 公司 1992 年 10 月至 1993 年 7 月的股价走势图。从图中可以看到 14 日 MOM、RSI 和 KD 指标走势。这三个指标看上去很相似，尤其是在显著的转折点附近的表现。注意，对 MOM 指标的衡量没有上下边界，而 RSI 和 KD 指标是在 0 到 100 之间震荡。

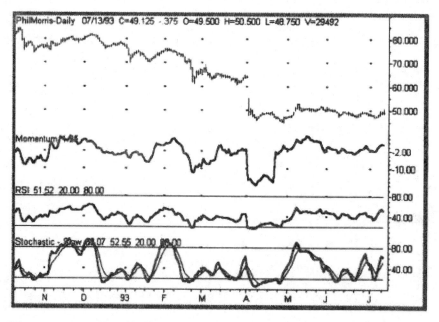

图 1.2　MO 公司股价图中 14 日 MOM、RSI 和 KD 指标的比较

图 1.3 显示的是 MO 公司股价图中，14 日 RSI 和 14 日动向指标（DX）中上升指标线（+DX）的相似性，观察发现这两个指标在波峰和波谷处的表现非常一致。图 1.4 将 14 日顺势指标 CCI 指标与 14 日 KD 指标走势进行了对比，这两个指标在外观上也很相似，他们的转折点也都出现在同一时刻。

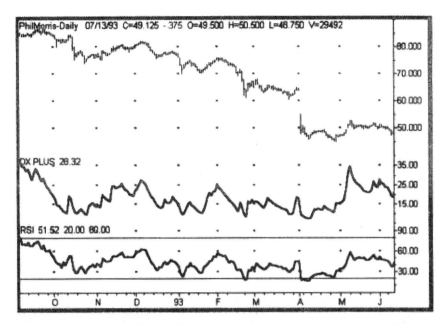

图 1.3　MO 公司股价图中 14 日 RSI 与 14 日+DX 指标线比较

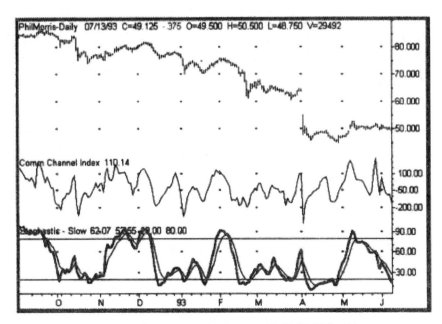

图 1.4　与图 1.2 和图 1.3 价格数据相同，

14 日 CCI 与 14 日 KD 指标慢速线比较

图 1.5 中将 CCI 与某价格波动线进行了比较。该价格波动线是当日收盘价与 14 日移动平均线之差值。CCI 的表现就像此价格波动线，只是其比例因子不同，两者都用于跟踪市场动量（见图 1.6）。

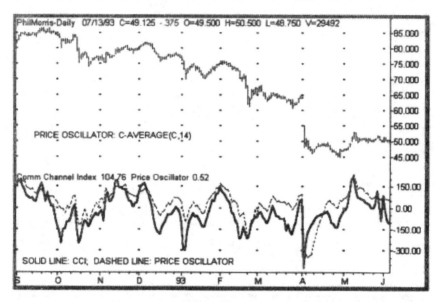

图 1.5　MO 公司股价图中 14 日 CCI 与某价格波动线的比较

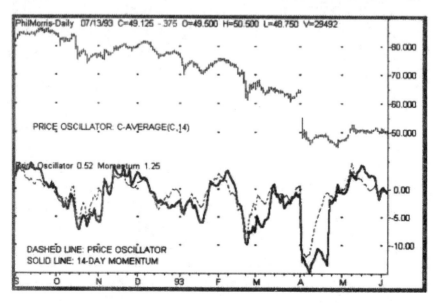

图 1.6　MO 公司股价图中 14 日 MOM 与图 1.5 中的价格波动线比较

　　还有利用移动平均线差值来测量价格动量的例子。例如，注意图 1.7 中，14 日 MOM 与常用的指数平滑异同移动平均线（MACD）指标同时见底。MACD 是 12 日与 26 日收盘价的指数平均线之差值。当价格动量下降时，两个平均线差值也会下降。

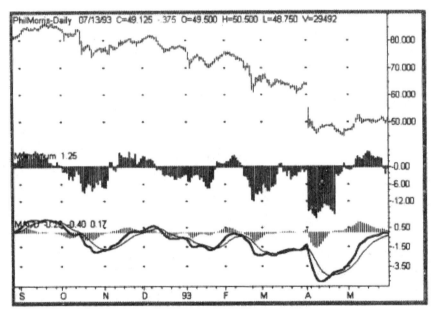

图 1.7　MO 公司股价图中 14 日 MOM 与 MACD 指标的比较

　　这些图表显示，由价格衍生出的指标是多么雷同。平滑方面的差异决定了该指标是领先还是滞后其他指标。在这些指标的定义中也存在一些细微的差异。例如，不是每一个指标在其计算中都使用日最高价、最低价和收盘价。

指标间的相关性

　　揭示指标相似性的一种量化方法是计算指标间的相关性。想做到这一点，采用线性回归分析来计算每对指标的相关性，用决定系数（记为 r^2）来量化它们的相似度。如果两个指标同时变动，则它们是完全相关的，其 $r^2 = 1$；如果相互之间随机变动，则其 $r^2 = 0$；r^2 值越高，两个指标关联的随机性就越低。

这些指标间的相关性是用最近 150 天的 Commodity Systems 公司（CSI）39#德国马克期货永久合约数据计算得到的。表 1.1 列出了决定系数 r^2 值。由于 r^2 值都接近于 1，故所有的指标都是相关的；因此，使用这些相似性的指标并不能提供额外的信息。由于这些指标都是基于日价格数据的，故它们的高相关性并不令人意外。这些指标在定义上的细微差异和比例因子对测算相关性有些影响。

讨论这些的目的是因为基于价格的指标都不可避免地会雷同。每个指标从不同视角反映价格行为。你的交易风格和分析方法决定你使用哪一个指标。然而，同时使用所有这些指标并不能得到额外的信息。

表 1.1　使用 CSI39#德国马克期货永久合约数据计算参数 为 14 天各指标的相关性

指标对	r^2
MOM／RSI	0.93
MOM／KD	0.78
MOM／CMO	0.93
RSI／KD	0.77
RSI／（+DX）	0.78
CMO／ADX	0.82

COM 为钱德动量摆动指标；

ADX 为维尔德平均趋向指标；

RSI 为相对强弱指数；

CSI 为 Commodity Systems, Inc.（公司）；

$r^2 = 1$ 为完全相关；

$r^2 = 0$ 为不相关。

价格分析新指标

那么，为什么需要寻找价格分析的新方法呢？因为这些方法能使交易员在市场上占有优势。显然，克服现有指标缺陷的新指标是令人渴望的。实际上，可以获得与现有指标没有较强相关性的新指标。这些新指标被分为两大类：价格分析指标和风险控制工具。大多数新指标都可以用在任何市场，无论是期货市场、大宗商品市场、股票市场、指数市场还是共同基金市场；虽然有一个指标——市场推力指标，是专门设计用于分析股票市场的。这些指标解决了许多问题，包括改善对形态的识别、调节指标的步长，以及对价格进行预测。因此，这些灵活的指标将满足各种需求。

线性回归分析

如果你能窥视未来，你的交易会做得更好些吗？与大多数技术指标不同，线性回归分析可以对下一交易日价格进行预测。这种预测并不是提供下一交易日精准的价格高点或低点，而是为制定具体的交易计划提供一些指导。该方法还允许对数据中的线性趋势强度进行量化，这有助于跟踪价格的长期趋势。

弹性移动平均线

大家都知道，移动平均线参数使用的是一个固定天数数据，这有明显的局限，因为无法及时调整平均线的最大获利步长。如果能根据价格行为自动调整移动平均线的"步长"不是会对交易有很大帮助吗？而弹性指数动态平均线（VIDYA）指标正好满足这一需求。它是一种改进型的指数平均线，以适应市场波动，即当价格在一个狭窄区间波动时增加步长，而在价格迅猛波动时缩短步长。当价格处于平静期，VIDYA 会慢下来，而当价格变动大时，VIDYA 也会加速。你可以调节 VIDYA 的敏感度或动态范围以适合你的交易风格。动态范围是指 VIDYA 可用的有效步长的范围值，比如说，从 3 天到 30 天的范围值。VIDYA 是一个颇具弹性的移动平均线，能显著改善固定步长移动平均线的性能。

Qstick：量化的 K 线

日本分析师认为，识别价格形态的 K 线分析方法有预测价值，比使用移动平均线对市场的反应更快。然而，对形态的解释说明依然是一个主观过程。Qstick 汲取了 K 线分析方法的精华，通过采用日开盘价与日收盘价差值的移动平均线，成为量化的 K 线，给出数字进行价格评估，而不是给出需要人为思考判断的形态，从而减少使用 K 线时的主观臆断。

动量摆动指标

钱动量摆动指标（CMO）是一个纯粹的动量摆动指标。这种随机 RSI 将相对强度和区间摆动震荡的强大思想相结合，从而能够显示出相对强弱指标（RSI）所不能显示的价格极端状态，帮助克服后者的局限性。

只要瞥一眼，就能看到 CMO 显示的市场净动量。CMO 还能与 VIDYA 组合形成一条动态平均线以监控市场动量。由于比 RSI 本身能更快速到达新的低点或高点，这种随机 RSI 能快速显示价格极端状态以及动量震荡失败的情形，因此，将 RSI 的这两种通常用法结合起来形成一个单一的指标。

我们把 VIDYA 的设计思想扩展到 RSI，通过定义动态动量指数（DMI）来完成震荡指标组的构建。DMI 也是通过使用市场波动率来调整自身步长，因此，你不必指定 DMI 的计算天数。DMI 常常会领先 RSI 很多天到达超买或超卖区域，这是大多数交易员可以利用的一个有用的特性。

股票市场推力及推力震荡指标

最后，我们提出了一种新的分析股票市场涨跌数据的方法。上冲（下冲）力是上涨（下跌）股票数量与上涨（下跌）股票交易量的乘积。市场推力是每日上涨推力与下跌推力之差，它可以进行累积或平滑处理而不会出现扭曲现象，这是对交易员指数（TRIN）的显著改善。由于在股票下跌出现巨大成交量时，TRIN 指数往往数日呈现无界状态，为克服这一缺陷，我们定义了一个无论股市涨跌都能对相关的成交量流提供一个有边界范围的推力震荡指标。

推力震荡指标可以被视为一个成交量震荡指标或者是一个上涨/下跌家数震荡指标。其用处在于，当 21 日平滑推力震荡指标处于或低于-0.30 时，大的市场底部就会出现。

风险控制新思路

除了价格分析新指标外，我们还介绍了以下风险控制新思路。

最大有利变动幅度

最大有利变动幅度（MFE）用于分析交易系统的失败交易情况，以便在交易初始阶段帮助交易员更积极地管理敞口头寸。例如，止损点更适宜设在当最大收益率小于一定数额时，而不是当收益率大于某一数额时。

典型市场轮廓

另一种管理敞口头寸的新方法是采用典型市场轮廓的思想，它展示了给定交易模型在交易时间里交易价格的演变过程。这里，我们分析了来自该模型的所有交易日权益，以获得"经确认"的实时的交易权益变化数据。这种价格—时间轮廓可用于以非常规的方式来结束交易。因此，你可以及早发现亏损交易，并利用这些轮廓寻找权益快速提升的盈利交易。这为管理敞口头寸提供了一种客观方法。

应急计划

应急计划也应是风险控制策略的一部分。考虑到制定交易计划时的实际性，建议用绝对动量指标来预测下一交易日价格的可能范围。这些预测数字对模拟"如果……则会怎么样?"提供了目标，这是制定积极主动交易计划的一种方法。这将帮助你更程序化地预置你的指令和交易。在我们的讨论中，还涉及一些实际问题，包括跟踪性止损、交易策略、投资组合选择，以及资产配置，其中的一些理念对你来说可能已经很熟悉了。

汇聚思想

本书有许多新思想，你可以把它们融入你的交易风格中去。这些思想灵活而强大，因此你能很容易地将它们纳入你的分析方法和计划过程里去。你整合的思想越多，你的交易盈利能力就越强。

教程：指标相似的原因

本教程将阐述图 1.2 至图 1.7 中所示的各项指标相互雷同的原因。我们从定义动量开始，即动量等于当日（0 天）收盘价和

前 x 日收盘价之差。

$$动量 = C_0 - C_x \tag{1.1}$$

这里，设 $x = 14$ 天。因为动量可正可负，所以定义其绝对值为：

$$|动量| = |C_0 - C_x| \tag{1.2}$$

一种常见的做法是，把收盘价上涨交易日动量和收盘价下跌交易日动量分开表达。

$$上涨交易日动量 = C_0 - C_1（如果 C_0 > C_1）$$
$$= 0（其他情况下） \tag{1.3}$$
$$下跌交易日动量 = C_1 - C_0（如果 C_0 < C_1）$$
$$= 0（其他情况下）$$

该定义给出了上涨交易日和下跌交易日动量的正值。现在把 14 日的上涨交易日动量和价格下跌交易日动量分别加起来：

$$S_u = 14 日内上涨交易日动量总和$$
$$S_d = 14 日内下跌交易日动量总和 \tag{1.4}$$

现在用这些定义来写出 RSI 指标。为方便起见，在 RSI 的计算中忽略平滑因素。

$$动量 = (S_u - S_d)$$
$$RSI = 100 (S_u / (S_u + S_d)) \tag{1.5}$$

上式表明动量和 RSI 关系紧密，因为两者都涉及 S_u 项。因此，它们之间的高相关性属于意料之中的事情。

未经平滑处理的 KD 指标通常使用 14 日内某一日的收盘价，以及 14 天内的最高价（HH）和最低价（LL）来定义。

$$KD = \frac{(C_0 - LL_{14})}{(HC_{14} - LL_{14})} \tag{1.6}$$

当市场创出新高或新低时，收盘价往往接近于当日高点或低点。你可以查看许多价格图表来验证这一观察结果。因此，波段最高点可以被最高收盘价（HC）来替代，在周期计算中，这是常用的一个好的近似方法。同样，波段最低点也可以被最低收盘价（LC）来替代。

$$KD = \frac{(C_0 - LC_{14})}{(HC_{14} - LC_{14})} \tag{1.7}$$

现在，我们来看看动量的计算，期间的天数可以在当日和 x 日之间变动。假设最低收盘价在 14 天前，则分子就变成了（$C_0 - C_{14}$），就成了动量计算的公式。因此，可以预见 KD 指标与动量指标之间存在着广泛的相似性。KD 指标有些滞后是由于在其计算中进行平滑处理所致。

当市场价格出现强烈上涨或下跌时，价格区间主要偏向于前一天的高点或低点那一边。假设市场连续 14 天创出新高，同时假设市场每天都收在最高点，那么由于 $S_d = 0$，未经平滑处理的 RSI = 100。由于每日价格运动（方向运动）的最大部分就是每日价格的真实范围，因此动向指标中的上升指标线（+DX）也将会是 100（在平滑处理前）。RSI 与 +DX 在广泛意义上的相似性源自它们的定义（见图 1.3）。平滑处理和实际定义可以解释两者存在差异的原因。

顺势指标 CCI 首先定义当天的中间价 M，也就是当天的最高价、最低价、收盘价三者的平均值。然后，将该中间价的 14 日移动平均值（M_{avg}）用于计算偏差 D。

$$D = M - M_{avg} \tag{1.8}$$

比例因子是通过获取一个绝对偏差（$|D|_{14}$）的 14 日移动平均值而获得的。14 日 CCI 是 D 与其比例因子的比值。

$$CCI = D / (0.015) \times |D|_{14} \tag{1.9}$$

注意，分子 D 决定了 CCI 的符号和数值变化。可以用每日收盘价 C 替代中间价 M。对 95% 以上的交易来说，这是一种非常好的近似做法。因此，偏差 D 现在变成了一种类似的动量计算，即计算当天收盘价与其 14 日简单移动平均值之差（C_{avg}）：

$$CCI = （C_n - C_{avg}）/（0.015 \times |C - C_{avg}|_{14}）\tag{1.10}$$

结果是 CCI 被还原为一个由 1 日和 14 日移动平均线组成的价格震荡指标（见图 1.5）。这些价格震荡指标也用于测量动量，正如在图 1.6 和图 1.7 中所看到的那样。每个指标因分母的原因存在不同的比例差异，对每个指标的平滑处理过程也导致它们之间出现差异。然而，我们能够预料到这些指标存在广泛的相似性，尤其是在关键的价格转折点处。这也解释了动量指标与指数平滑异同移动平均线（MACD）之间的相似性，因为 MACD 是一个使用指数平均数的价格震荡指标。

教程：生成随机价格

我们使用 Excel（3.0 版）电子表格和一个数字随机发生器来构建一个价格形态。在此，我们假设随机数字发生器无瑕疵。下面的教程将演示 10 天数据的生成过程。你可以按照下面相同的过程，根据所需生成更多的日数据。

我们首先生成 10 个随机数字，或者是+1 或者-1，以代表上涨日或下跌日。我们采用以下规则：

［如果（随机数（）>随机数（），1，-1）］。

Excel 内置的函数"随机数（）"返回一个随机的数字 0 或者 1。上述规则生成两个不同的随机数字：如果第一个数字大于第二个数字，则当天的价格要高于昨天的价格（+1），否则的话，当天的价格要低于昨天的价格（-1）。

开始时，我们假设第一天的收盘价是 40.00，它也许是一只股票价格，或者是一种商品的价格，美分/磅或美分/加仑。我们还假设当天的最高价或最低价不高于或低于收盘价 2 美分，因而生成了一个 0 和 2 之间的随机数字，并把它加到收盘价上得到最高价。同理，我们生成另外一个 0 和 2 之间的随机数字，并用收盘价减去它得到最低价，规则如下：

当天高价＝当天收盘价+随机数（ ）×2

当天低价＝当天收盘价−随机数（ ）×2

当天收盘价＝昨天收盘价+随机数（ ）×2×（+1 或−1）

Excel 函数"随机数×2"在 0 和 2 之间生成一个随机数。第二天，我们在 0 和 2 之间再生成一个随机数，把它乘以之前确定的+1 或−1，然后把得到的数加到前一收盘价上去。下一步，我们又找到两个新的随机数来计算最高价和最低价。我们继续这个过程 10 个周期。你也可以添加"随机数（ ）×3"来增加价格波动范围。

第 2 章 线性回归分析

线性回归分析是众所周知的数据分析方法。然而，并不是所有的分析师都经常使用这种方法。因此，我们将从用户的视角来阐述这部分内容，而不是试图论述数学上严格的线性回归应用程序。技术分析师必须应对使用每一个指标可能发生的不确定性，而且该方法应用中出现的任何缺陷都必须与由此获得的信息的有效性相权衡。你会发现，有多种途径可使用这些分析结果，这将使你的分析更具价值。

如何使用线性回归分析

如果价格具有趋势性，并且使用线性回归数学计算法对系列价格拟合出"最佳"回归直线，那么你就可以直接从条形图中做出交易决策。该方法使用最小二乘法公式求出最佳拟合直线。该计算给出了"最佳拟合"直线的斜率和截距，以及线性趋势强度。本章中，你会发现如何利用斜率和趋势强度进行交易。

运用最佳拟合直线方程可以预估下一交易日的可能价格。尽管你的预测偶尔会与收盘价相当靠近，但这种做法并不是要精确预测下一交易日的价格高点和低点，而是用于在制定交易计划时确定价格目标。如此，你才能在激烈的博弈中进行客观的交易。

线性回归法

线性回归法解决了下列问题：

$$y = mx + C \qquad\qquad (2.1)$$

式中，x 是自变量，y 是因变量，m 为斜率，C 是截距常数，可以想象这两个变量沿 x、y 轴方向上的曲线图。该方程式以一种定量模式描述了它们之间的关系。

回归计算结果给出了 m 和 C 的值。我们也得到了用 r^2 表示的决定系数值。请参考本章末尾的教程，看看为什么 r^2 衡量的是相对趋势强度。

在回归分析中，我们喜欢采用 5 个交易日的收盘数据来研究短期交易。然而，在计算中不妨尝试运用其他的周期天数，以及尝试采用每日最高价和最低价数据进行预测计算。

样本计算

让我们来看一下使用黄金期货近期合约收盘价进行回归分析计算的实例。设时间为自变量，价格为因变量，在电子表格中输入数值（在以下的讨论中请参考表 2.1）。

在表 2.1 中，我们想拟合一条黄金期货合约日收盘价 5 日直线。表中，自变量 x（A 列）只是简单的 1 到 5 的天数。因变量 y（B 列）为黄金期货合约日收盘价格。

我们对每一个日变量值进行平方，并将它们写在随后的两列（C 和 D 列）中。因此，第 5 天的那一行显示 5 的平方数为 25（5×5），而 388.20 的平方数是 150699.24。最后一列 E 是每一对自变量和因变量的乘积。

对应第 5 日的值是 1941（5×388.2）。将每列中的日数据值进行相加总计算。

表 2.1　使用 1993 年 8 月的黄金期货合约日收盘价进行线性回归计算

	A	B	C	D	E
	x	y	x^2	y^2	xy
	1.00	378.10	1.00	142959.61	378.10
	2.00	376.10	4.00	141451.21	752.20
	3.00	379.50	9.00	144020.25	1138.50
	4.00	379.20	16.00	143792.64	1516.80
	5.00	388.20	25.00	150699.24	1941.00
总和	15.00	1901.10	55.00	722922.95	5726.60

n = 计算中的天数 = 5

$q_1 = 5726.6 - [(15 \times 1901.1)/5] = 23.3$

$q_2 = \{55 - [(15 \times 15)/5]\} = 10$

$q_3 = \{722922.95 - [(1901.1 \times 1901.1)/5]\} = 86.71$

斜率 = $q_1/q_2 = 0.1 \times [5726.6 - (3 \times 1901.1)] = 2.33$

截距 = $[(0.2 \times 1901.1) - (3 \times 2.33)] = 373.23$

决定系数 (r^2) = $(q_1 \times q_1)/(q_2 \times q_3) = 0.626$

第 6 个交易日收盘价预测值 = $[(6 \times 2.33) + 373.23] = 387.21$

实际收盘价 = 386.70

　　表 2.1 中，我们定义了其他三个在计算中要使用的项：q_1、q_2 和 q_3，它们是用表中各列的总和以及各行的数据计算得到的。可以从以下等式中找到 5 日回归的斜率和截距：

　　斜率（5 日）= $0.1 \times$ ｛乘积之和－$3 \times y$ 值的总和｝，

　　截距 = $0.2 \times y$ 值的总和－$3 \times$ 斜率　　　　　　（2.2）

　　表 2.1 中，xy 乘积之和位于 E 列中，y 值总和位于 B 列中。我们将斜率和截距带入回归方程里去，并使自变量 $x=6$，就能获

得预测价格的值。决定系数 $r^2 = 0.626$，在统计学上表明趋势显著。值得注意的是，5 日趋势是上升的，且 5 日最佳拟合直线的值在计算周期内每天也上升 2.33 美元。

输出的图形

图 2.1 中虚线为最佳拟合直线，显示价格上升趋势。注意它是如何平滑日数据变化的。

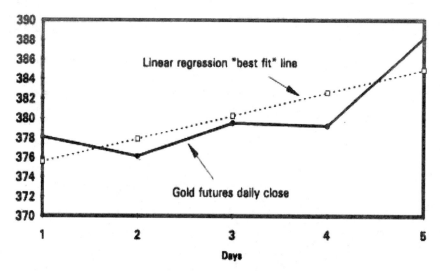

图 2.1 使用 1993 年 8 月 Comex 交易所黄金期货合约日收盘价进行线性回归计算的例子，实线为日收盘价连线。

图 2.2 中，向前延伸回归线 1 日以期发现回归预测值。本例中，第 6 日的实际收盘价 386.70 只是略微低于预测值 387.21。预测值只是日收盘价的"点预测"，我们可以使用数据变化来计算收盘价的一个区间值，则实际收盘价就会处于预测点上、下的一个价格带内。不管怎么说，这个预测点足以满足制定交易计划的需求。

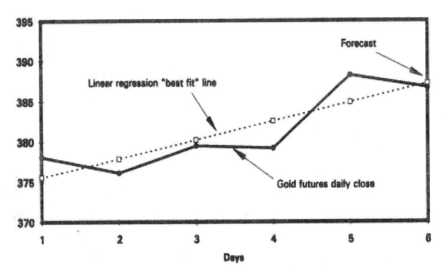

图 2.2　使用"最佳拟合"线性回归线预测第 6 日收盘价价格

输出结果：斜率和 r^2

线性回归分析最先输出的结果是趋势线斜率。当价格上涨时斜率为正，而价格下跌时斜率为负。斜率用于衡量单位时间价格的预期变化。当将斜率转换为美元/合约或美元/股时，可以显示市场是在大幅波动还是小幅波动。转换成美元后的斜率，将成为交易还是观望的过滤器。

线性回归分析也提供了线性相关强弱程度的信息，用决定系数 r^2 来表示。它是快速测量数据中是否存在趋势性的一个工具，r^2 的数字范围为 0 至 1。如果数据中不存在趋势，也就是说，价格呈随机运动，则 r^2 值接近于 0，若存在完美线性趋势时，r^2 值为 1。图 2.3 显示了两组模拟数据的趋势结果，一组为随机运动，而另一组有强烈的线性趋势。随机那一组数据的 r^2 值接近于 0，而有强烈线性趋势那一组数据的 r^2 值为 1。

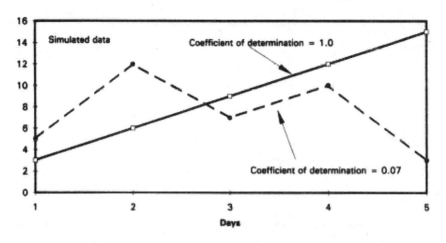

图 2.3　模拟数据所显示的趋势性和无趋势性

使用 r^2

r^2 的最基本用途是作为一个确认指标。它是一个能显示趋势强度的滞后指标。r^2 的临界值取决于所用数据的交易天数：当 r^2 值大于临界值时，存在统计学意义上的趋势显著。对于 10 日、20 日、30 日或 50 日的回归计算，可使用的临界值分别为 0.40、0.20、0.13 和 0.08（在本章末线性回归教程一节中，你可以看到计算这些数值的细节）。回归斜率将告诉你趋势方向，如果你愿意的话，你可以顺势建仓。

同时使用斜率和 r^2

应该把斜率和 r^2 结合在一起使用。例如，一个斜率较小的强烈趋势可能不会引起短线交易者的兴趣，但如果行情趋势较弱，却有适度的斜率值，则可能是趋势正在发生变化的警讯。因此，把斜率和回归强度放入交易模型中都是有价值的。当市场趋势强劲时，会出现较大斜率值；当趋势减弱时，斜率和 r^2 都将趋向于 0。

为了在存在显著趋势时进行交易，只需简单查看一下斜率的正负。当斜率开始显著变为正值时，可以开立多头头寸；反之，当斜率显著变为负值时，可以开立空头头寸。随后，会发现斜率将在达到一个峰值（正峰值或负峰值）后转向 0。在该点处，你可以选择获利了结头寸，或收紧止损点，或反向开仓。市场也许会以缓慢的速度慢慢地使斜率回复到 0。如果是这种情况，则反向开仓的头寸不一定会盈利。因此，使用线性回归分析存在各种各样顺势操作和反趋势操作策略。

案例：咖啡市场和线性回归

采用 Commodity Systems 公司（CSI）的咖啡期货永久合约来演示上述交易理念。图 2.4 为咖啡 39#永久合约的日收盘价概况图。

咖啡在 1992 年 8 月和 9 月触底，然后稳步上涨至 1992 年 12 月中旬，在形成顶部时波动较大，然后在 1 月下旬崩盘；后在超卖情况下强劲反弹后又再次下跌，随后进入一个短暂的横盘整理期。

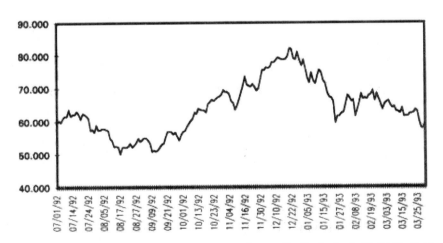

图 2.4　Commodity Systems 公司咖啡 39#期货永久合约日收盘价

先任意选取 15 日作为线性回归计算的时间周期。图 2.5 显示的是 1993 年 3 月 8 日至 3 月 23 日咖啡期货合约数据经回归分析计算后得出的斜率。斜率上方的曲线是决定系数 r^2。你会注意到，当斜率出现变化迹象时，r^2 值趋于 0。注意，较高的斜率值同时伴随着较高的 r^2 值，这对于趋势性市场来说往往是正确的。当趋势发生变化时，斜率也会出现变化迹象，而且 r^2 值趋向于 0。

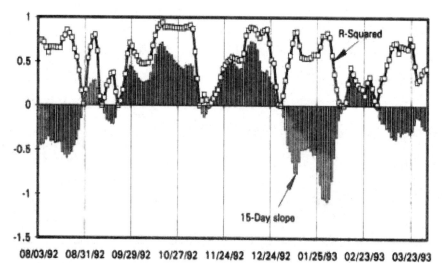

图 2.5　对图 2.4CSI 咖啡合约数据进行 15 日周期的线性回归分析得到的斜率值和 r^2 值

由于趋势内还包含有趋势，回归计算时间周期的长短将会影响所得到的结果。咖啡合约 7 日周期和 15 日周期的斜率曲线绘制在图 2.6 中。通过观察 7 日周期回归斜率的变化，能目睹咖啡市场的波动性。而 15 日周期的回归斜率波动性相对较小，表明随着回归周期长度的增加，回归处理对数据有显著的平滑作用。

较短周期的回归会更频繁地改变交易方向和发出交易信号，产生更多的交易机会。然而，每次方向变化后的行情波幅和由此获得的收益都是不同的。因此，选取长短不同的回归周期将会对交易的频率和收益产生影响。对于震荡型市场，短周期回归更有效一些。

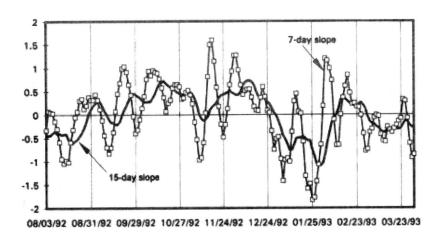

图 2.6　根据图 2.4 中的咖啡数据进行回归计算的 15 日和 7 日周期斜率对比

　　在上述咖啡市场实例中，利用较高斜率值同时伴随着较高 r^2 值这一现象就可以作为一个简单的交易策略。当斜率为正且 r^2 值大于 0.20 时，市场显示统计意义上的趋势，此时你应建立多头头寸。而当斜率显示市场不再具有统计意义上的显著趋势时（r^2 值小于 0.20），就平掉多头头寸。该方法将使多头头寸可一直持有到 9 月底，在 11 月中旬行情下跌时平仓出场，并在 9 天后重新入场做多，在 12 月底再次平仓出场。然后，在 1 月的第一周建立空头头寸，并在 2 月中旬平仓出场。这样，采取该交易策略就能抓住主要的波段行情。

图 2.6 还展示了一种反趋势操作策略。使用 7 天周期斜率，当其值大于+1 和小于−1 时，显示市场处于极端状态。一旦斜率超出+1 或−1 极限值，就应该准备建立一个反向头寸。然后，等到斜率掉头向下或向上时开始行动。

可以尝试采用不同的时间周期进行回归分析，也最好用四至五年的行情数据对交易模型进行测试，以对反趋势操作策略中超买超卖区间进行可靠评估。谁也无法保证期货价格将精确地遵循相同形态，因此，建议使用两个或两个以上的时间周期进行回归分析。

案例：用 r^2 测量 Intel 公司股票趋势

采用线性回归法中的 r^2 测量趋势强度，是对采用其他手段，如平均趋向指数（ADX）或十字过滤线指标（VHF）测量趋势强度的一种替代方法。以下使用 3.5 版的 Metastock 分析软件来比较这些指标的性能。

采用 Intel 公司（INTC）从 1991 年 1 月 1 日至 1992 年 12 月 31 日的股票日数据来做指标对比分析。在此期间内，Intel 公司的股票展现出多种不同的价格形态：宽幅震荡形态、强劲上涨和强劲下跌趋势形态。以下是 Metastock 软件计算经平滑后的 r^2 和 VHF 的相关公式（请参阅参考文献列出的有关详细讨论 ADX 指标的 J. Welles Wilder 的书籍）。

平滑后的 $r^2 = \text{mov}[\text{pwr}\{\text{corr}[\text{cum}(1),c,14,0],2\} \times 100,14,s]$

平滑后的 VHF $= 100 \times \{\text{mov}[\text{vhf}(c,14),14,s]\}$ （2.3）

ADX、平滑后的 VHF 和平滑后的 r^2 的趋势强度测量结果存在广泛的一致性。图 2.7 展示的是平滑后的 r^2 曲线，它是 r^2 的

14 天简单移动平均线。低数值 r^2 意味着趋势即将发生变化；而高数值 r^2 显示价格处于极端状态。1991 年的 r^2 处于低值，导致 Intel 公司股票出现交易性趋势。观察发现，在 1992 年 2 月份股票价格最高点出现前，平滑后的 r^2 在 1 月就出现尖峰。尽管价格在当年 10 月仍缓慢上涨，但该指标却呈现下降态势（动量丧失）。

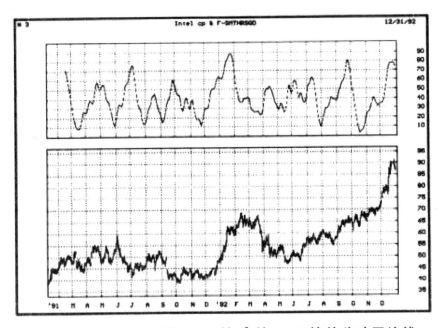

图 2.7　采用回归周期 14 天的 r^2 的 14 日简单移动平均线

测量 Intel 股票价格趋势强度

图 2.8 为平滑后的 VHF 曲线，也就是一条用 14 日简单移动平均线进行平滑处理得到的 14 日 VHF 曲线。将平滑后的 VHF 乘以 100，产生与其他两个指标相同比例的数字（0 到 100 之间）。观察发现，其与图 2.7 中平滑后的 r^2 具有广泛的相似之处，只不过平滑后的 r^2 其下降值低于平滑后的 VHF。

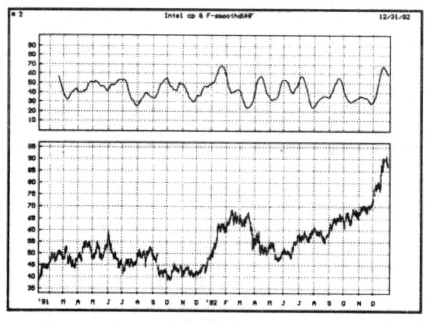

图 2.8　采用 14 天的 VHF 的 14 日简单移动平均线测量
Intel 股票价格趋势强度

图 2.9 是 14 日 ADX 指标所显示的价格趋势。观察发现，其
与图 2.7 和图 2.8 中的指标状态非常相似。除了年底的反弹外，
ADX 在这段时期的大部分中都保持平坦状态。注意 ADX 在 1992
年 10—12 月的下降，即使当时股价正在缓慢上涨。ADX 的波动
幅度比平滑后的 r^2 或平滑后的 VHF 两者中的任何一个的波动幅
度都要小。

图 2.10 是将平滑后的 r^2 与平滑后的 VHF 进行更直接的对
比，而图 2.11 显示的是平滑后的 r^2 与 ADX 进行的对比。注意，
这两对指标在关键转折点时的变动都是一致的。

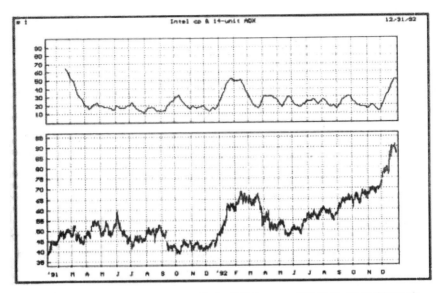

图 2.9　采用 14 日 ADX 指标测量 Intel 股票价格趋势强度

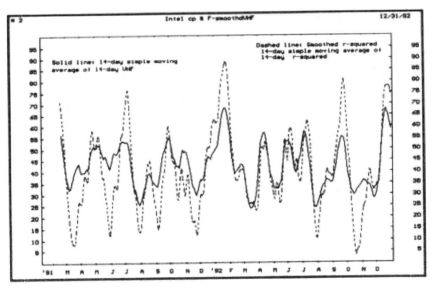

图 2.10　平滑后的 r^2 与平滑后的 VHF 叠加图

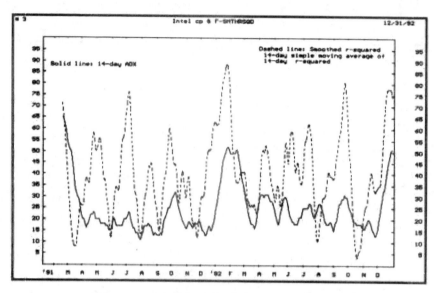

图 2.11　　平滑后的 r^2 与 ADX 叠加图

当股价出现趋势时，这三种趋势强度测量指标都上升。因此，即使股价下跌，它们也会上升。在股价无趋势时，它们也会下降。平滑后的 r^2 与平滑后的 VHF 在关键转折点处的走势高度一致。但平滑后的 r^2 要比 ADX 更敏感，即使在 ADX 下降的情况下，也常常保持较高数值。这种敏感性就体现了两者的反差，因为下降的 ADX 意味着无趋势，而平滑后的 r^2 处于高位，表示趋势仍在持续。

详细对比：r^2、ADX 和 VHF

1991 年，Intel 公司股价波动范围在 38～60 美元。10 月至 12 月的大部分时间里，股价交易范围缩窄至 40～45 美元，但这一范围在当年 12 月 20 日利率下调所引发的反弹中被打破。

从 4 月到 9 月，14 日 ADX 一直保持在 25 以下，呈平坦走势（见图 2.9）。股票经过短期抛售后，ADX 在 9 月曾短暂上升，随后窄幅震荡平静下来。从 1991 年 12 月到 1992 年 2 月，ADX 曾跟随股票一度上升，随后 ADX 在 1992 年的剩余时间里一直处于下跌和盘整态势，尽管这期间 Intel 公司股价稳步上涨。直到 12 月 Intel 公司股价向上突破 70 美元时，ADX 才有所回升。

因此，只有当股价走势强劲时，ADX 才会上升。在股价处于下跌趋势时，ADX 往往下降。而当股价呈非平稳性上涨时，ADX 的反应并不明显。例如，1992 年 10 月至 11 月，Intel 公司股价从 62 美元大幅上涨到 70 美元时，14 日 ADX 却是下降的。

平滑后的 r^2 对股价变化有着更高的敏感性，如图 2.11 所示。请注意，它在 1991 年 11 月—12 月期间，比同期的 ADX 更早更快地向上运动。同样的情况也发生在 1992 年 10 月中旬。1993 年 6 月，r^2 与 ADX 同时达到峰值点，发出趋势即将发生变化的信号。进入 7 月，当 Intel 公司股价接近 55 美元时出现了大量抛售，这是一个从 55 美元到 42 美元的做空交易短线机会。从这里可以看到，平滑后的 r^2 作为度量趋势强度的指标具有一些令人感兴趣的特性。

Adam White，一名 *Technical Traders Bulletin* 的特约编辑，建议采用十字过滤线指标（VHF）来测量趋势强度。VHF 能够比较日动量的高、低点与其平均绝对值的距离范围。White 并没有明确讨论如何使用平滑后的 VHF。VHF 的计算常常使用 28 天的时间周期，然而，我们发现计算 VHF 时，使用较短平滑时间周期以期将潜在趋势孤显出来更令人感兴趣。

平滑后的 14 日 VHF 与平滑后的 r^2 很相似（见图 2.10）。即使在股价下跌时，两者也都会上升。由于可以用斜率作为趋势方向，将斜率与平滑后的 r^2 结合应用可以提供趋势的方向和强度。当平滑后的 r^2 值跌至 0.1 以下时，它显示趋势变化即将来临。甚至当平滑后的 VHF 仍保持在高数值时，这种情况也会发生，这

是平滑后的 r^2 的一个优势。

共同缺陷

所有这三种对趋势强度的测量指标都显示出一个共同的缺陷。在价格快速运动（上涨或下跌）后出现短暂回调时，趋势测量指标开始下降，即使价格随后恢复了最初方向上的走势，但这些指标却仍持续下降（暗示无趋势）。因此，它们常常显示的是动量的丧失，而没有反应出主要趋势的实际变化。造成这种缺陷的主要原因是，在计算这些指标时使用的是固定天数。当改变计算周期，就会获得对潜在趋势的不同看法。因此，对趋势强度的确定存在一些模棱两可之处，因为计算所采用的不同天数周期会影响到计算结果。

案例：美国长期国债下一交易日价格预测

可以采用线性回归分析对下一交易日价格进行回归预测。首先，分别对最高价、最低价和收盘价进行线性回归。然后，将斜率和截距值代入线性回归方程中，并计算出下一交易日的新值。因此，这就可以预测下一交易日的最高价、最低价和收盘价。统计学家将这种方法称为"点预测"。也可以为最高价、最低价和收盘价的预测值设置一个置信区间，即实际价格落入此区间的可信度范围，比如说，95%的可信度范围。

策略

不要指望能精确预测实际价格的最高价、最低价和收盘价。预测的目的是获得下一交易日价格的一个预测范围，然后利用这个价格范围来制定针对特定突发事件的交易计划。根据预测，可以计划一系列的交易行为，诸如设置止损点、设立新头寸或处理原有头寸；可以评估交易风险和回报，获得交易收益，减少亏损，或者选择是增加还是减少交易头寸。

一份长期国债电子表格

以下将使用 Microsoft Excel 中的 TREND 函数来演示如何进行价格预测。表 2.2 列出了美国长期国债 1993 年 9 月期货合约每日最高价、最低价和收盘价。数据周期为 1993 年 1 月 27 日至 1993 年 2 月 17 日。该表格从上到下共 16 行，从左到右依次标记列为 A 至 G；DATE（日期）标签在指定的 A1（第 A 列第 1 行）单元中。

运用 Excel 中的内置 TREND 函数来计算 5 天的价格预测值。请注意，在计算时插入了前一天的预测值，因此，实际交易价格区间与预测价格区间画在同一根条形线上。我们按照下列公式编写了一个 TREND 函数，用来计算预测单元 E7（第 E 列第 7 行）中的最高价。

单元 E7 中最高价预测值

$$=TREND\ (b2:b6,,\{6\},\ TRUE) \tag{2.4}$$

在上述公式中，采用单元 B2 到 B6 这前 5 个最高价的数值计算预测值。由于未指定 x 值的范围，使用默认值 1，2，3，4，5 来表示这 5 天，这恰恰是早前在表 2.1 中所做的那样。式中 $\{6\}$ 给出了对下一交易日的预测值。最后一项 TRUE，表示应像通常那样计算截距，以确保最佳拟合线不会经过原点。

表 2.2　使用 Excel 电子表格进行 5 天价格预测

日期	最高价	最低价	收盘价	5 天预测值		
				最高价	最低价	收盘价
930127	104.5	104.156	104.313			
930128	104.969	104.344	104.5	——	——	——

930129	105.094	104.438	105.719	——	——	——
930201	104.938	104.375	104.938	——	——	——
930202	104.719	104.375	104.469	——	——	——
930203	104.813	104.406	104.781	104.966	104.478	104.813
930204	105.531	105.188	105.344	104.7	104.406	104.775
930205	105.906	105	105.875	105.244	105.016	105.178
930208	105.844	105.563	105.563	106.006	105.287	105.906
930209	105.688	105.219	105.438	106.366	105.797	106.191
930210	105.563	104.563	104.625	106.175	105.675	105.859
930211	105.5	104.563	105.344	105.659	104.797	104.806
930212	105.844	105.031	105.5	105.372	104.419	104.769
930216	106.156	106.219	105.375	105.631	104.472	105.228
930217	105.875	105.344	105.844	106.116	105.059	105.481

注意，对每一批的连续预测，我们总是使用天数 1、2、3、4、5 作为独立的 x 变量。我们用从第 1 天到第 5 天的最高价数据来预测第 6 天的最高价；预测第 7 天的最高价时，是使用从第 2 天到第 6 天的最高价数据，删除第 1 天的数据。因此，我们假设市场的"记忆"能够回溯到前 5 天。以下展示如何使用 TREND 函数对 E8 单元进行扩展计算：

单元 E8 中最高价预测值

$$=TREND（b3：b7，，\{6\}，TRUE） \tag{2.5}$$

预测最低价和收盘价使用完全相同的计算方法。如果电子表格中没有 TREND 函数，也可以使用表 2.1 所示的计算方法。为完整起见，我们将展示如何编写预测最低价和收盘价的 TREND 函数公式。实际上，可以使用电子表格中的 COPY 函数将计算单元 E7 的公式复制到相邻的列，即单元 F7 和 G7 中去。同样，还可以将公式从这些单元复制到所有后续的行中，以进行其余的预测计算。

单元 F7 中最低价预测值 = TREND(c2:c6,,{6},TRUE)

单元 G7 中收盘价预测值 = TREND(d2:d6,,{6},TRUE)

$$(2.6)$$

长期国债预测图表

对美国长期国债 1993 年 9 月合约 5 天的每日价格预测范围值如图 2.12 所示。该市场在 1993 年 2 月和 3 月出现波动。可以看到，高于或低于预测值的实际收盘价预示着未来几天价格趋势。例如，2 月 11 日收盘价高于预测值，导致 8 天的反弹行情。随后市场进行 3 天短暂调整后，又恢复了为期 4 天的上涨行情，并在 111.5 美元价格附近出现短暂顶部。接下来的震荡下跌行情也可以进行卖空交易。

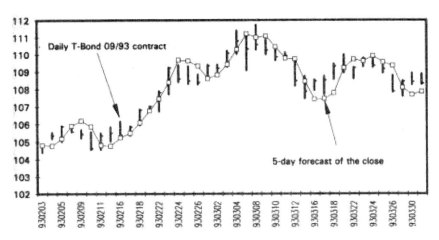

图 2.12　1993 年美国长期国债 9 月期货合约日价格范围及对日收盘价的 5 天预测值

图 2.13 显示了美国长期国债 1993 年 9 月合约在 1993 年 4 月、5 月和 6 月的行情走势，并画出了日最高价和最低价的 5 天

预测值包络线。在行情出现明显波动前，包络线收窄。位于包络线外的日收盘价也为未来的市场方向提供了线索。例如，请注意4月初、5月和6月，当收盘价高于最高价预测值时，导致价格走高。在4月中旬和5月中旬，当收盘价低于包络线时行情下跌。包络线常常作为市场寻找方向时的阻力位和支撑位，可用于交易策略的制定。

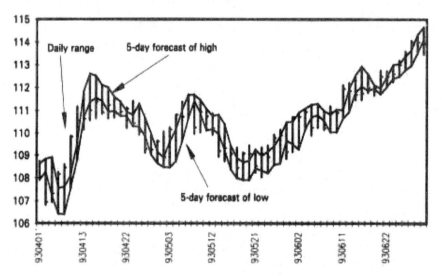

图 2.13　美国长期国债 1993 年 9 月期货合约日价格范围和 5 天预测值包络线

　　1993 年 6 月，美国长期国债市场稳步上扬，没有大的波动。图 2.14 显示的是日收盘价预测值和实际日价格范围。同样，在图中，高于预测值的收盘价帮助确定市场方向。不过，当月市场价格往往在一个窄幅区间内波动。因此，不是每一个位于预测值下方的收盘价都会导致出现下跌行情。

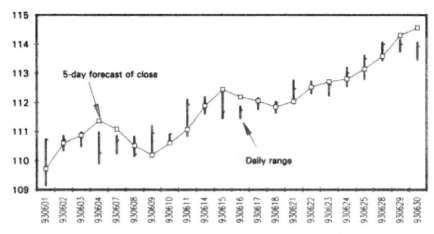

图 2.14　美国长期国债 1993 年 9 月期货合约日价格范围
和 5 日收盘价预测值

用预测"模板"制定应急计划

对下一交易日价格进行预测常常是一个未雨绸缪的好方法，可以作为模板使用。当市场特别强劲或特别疲软时，实际收盘价会高于预测的最高价或低于预测的最低价。使用预测模板最大的好处在于，如果市场行情处在或者超过某一特定价格时，你将有具体的预测数字来应对操作。

你可以制定各种各样的交易计划。一种简单的操作策略是在收盘时买入或卖出。假设当天的收盘价高于预测值，那么就以收盘价买入，期待未来有更高的价格出现。

另一种方法是使用预测的日最高价和最低价作为参考点。如果觉得短期顶部或顶部区间将要出现，可以尝试在当天预测的最高价附近做空。反之，如果预期短期底部或底部区间将要出现，可以尝试在当天预期的最低价附近买入。想要顺势而为，可以在预测的最高价之上买入，在预测的最低价之下卖出。

也可以用预测的日最高价和最低价来设置止损点。如果是多头，你也许希望在价格跌破预测的最低价时平仓离场。可以利用价格预测进行顺势交易或逆势交易，交易手法将取决于你的交易期望值和市场策略，因此，预测对于制定交易计划非常有用。

通过对 1987 年 1 月 1 日至 1993 年 3 月 1 日期间，实际收盘价高于最高价预测值或低于最低价预测值的次数统计，我们对大多数主要期货市场的回归预测进行了分析。平均来看，市场收盘价偏离预测最高价或预测最低价的次数是 66%。例如，在 1552 个交易日中，美国长期国债市场有 516 个交易日收盘价高于预测的最高价，有 484 个交易日收盘价低于预测的最低价。偏离这些预测值的收盘价格往往显示市场短期是强还是弱。

开发一个震荡型预测指标

要想开发一个基于预测的震荡指标，只需要从收盘价中减去预测值，并将其以收盘价的百分比来表示。如果收盘价高于预测值，则该指标为正。可以把该指标与移动平均线结合使用，以获取潜在趋势变化的早期信号；也可以将它作为一个超买超卖指标使用。

表 2.3 的计算使用了表 2.2 用于 5 天价格预测的相同数据。对震荡型预测指标%F 的定义如下：

$$\%F = 100(C - C_f)/C \tag{2.7}$$

式中，C 是日收盘价，C_f 是由前 5 个交易日收盘价得来的当天预测收盘价，乘数 100 也能改为其他任何适当的比例常数。计算中已经将%F 转换成 1/32 点的跳动单位，因为这是美国长期国债期货合约交易的最小变动价位。例如，1993 年 2 月 3 日，实际收盘价与预测值的差值是 -0.03125，将其乘以 32，则将差值转换成了 -1/32 点或 -1 个跳动单位，之所以将差值转为整数只是为了方便。

表 2.3　震荡型预测指标的计算

日期	收盘价	预测的收盘价	收盘价算出的预测指标值
19930127	104. 3125	——	——
19930128	104. 5000	——	——
19930129	105. 7188	——	——
19930201	104. 9375	——	——
19930202	104. 4688	——	——
19930203	104. 7813	104. 81255	-1
19930204	105. 3438	104. 77506	18
19930205	105. 875	105. 17818	22
19930208	105. 5625	105. 90628	-12
19930209	105. 4375	106. 19061	-25
19930210	104. 6250	105. 85935	-40
19930211	105. 3438	104. 80623	17
19930212	105. 5000	104. 76879	23
19930216	105. 3750	105. 22815	4
19930217	105. 8437	105. 48126	11

图 2.15 显示了用收盘价计算得到的预测指标和其 3 日简单移动平均线。该震荡指标显示出实际收盘价与预测收盘价之间存在数个最小变动价位的差异。当实际收盘价低于预测的收盘价时，指标为负值，预示未来价格会更低。预测指标与其移动平均线交叉发出早期警示，这对于制定交易策略很有用。在图 2.14 中，你看到的是美国长期国债 1993 年 9 月期货合约的实际市场行为。例如，注意图 2.15 中两线在 1993 年 6 月 3 日和 6 月 17 日的交叉。你会发现在 1993 年 6 月 14 日出现了决策上的失败，当时%F 收于其滞后的移动平均线之下。尽管如此，实际收盘价与

预测值几乎完全吻合。

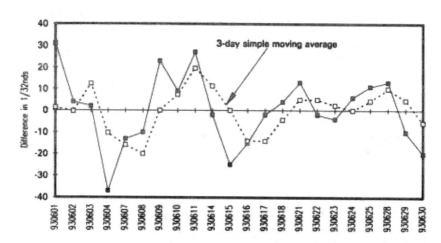

图 2.15　用于美国长期国债 1993 年 9 月期货合约的震荡型预测指标

　　实际上，还可以为最高价和最低价开发震荡型预测指标。这可以对潜在的趋势变化提供更多的信息。

总　结

　　线性回归法提供了斜率和决定系数 r^2。可以用 r^2 来测量趋势强度，而斜率常用来跟踪价格趋势。斜率也可以用来判定超买超卖状况，并用于在制定交易计划时对下一交易日价格的预测。显然，线性回归法是一种灵活的分析工具，能很容易地融入你的交易风格中去。

教程：线性回归分析

线性回归法试图用数据拟合以下形式方程：

$$y = mx + C \tag{2.8}$$

式中，x 是自变量，y 是因变量，m 是直线斜率，C 是 y 轴截距；实际上，C 是一个常数。通过目视检测，可以得到斜率和截距的近似值，设为 MO 和 CO。一旦知道 MO 和 CO 的值，就能计算出 y_i 值。每一点都有一个误差项，定义为：

$$e_i = y - y_i = y - (MX \times x_i + CO) \tag{2.9}$$

式中，注脚 (i) 表示自变量 x 的不同数值。最小二乘法将误差项的平方和最小化。误差项是指从直线到 x 实际值的垂直偏差；该偏差可以为正也可以为负。通过将偏差进行平方得到正数。线性回归求出了斜率和截距的特殊值，使平方偏差的总和最小化。注意，来自线性回归最有用的信息是斜率。一旦知道了斜率和截距，就能画出或算出不同 x 值的最佳拟合直线。

现在计算两个偏差，第一个偏差是拟合直线与给定的数据点之间的垂直距离。

$$e_f = y - y_f \tag{2.10}$$

式中，使用了注脚，以显示来自最佳拟合直线的误差。如果把每一项误差都进行平方，再把它们加起来，将得到拟合误差的平方和 SSE，即：

$$SSE = sum \ (e_f^2) \tag{2.11}$$

该式是对所有数据点的误差平方求和。

接下来，将计算所有因变量 y 值的平均数。现在可以测量每一项 y 值与 y 值的平均数 y_g 的偏差，即：

$$y_a = (y - y_g) \tag{2.12}$$

现在，可以定义总平方和 SST，也就是方程 2.11 中所有项的和。SST 是 y 与其平均数偏差的平方之和，定义如下：

$$SST = sum \ (y_a)^2 \tag{2.13}$$

我们希望 SSE 小于 SST，因为最小二乘法是使拟合直线的偏差最小化。直观地说，如果所有的点都完美地落在直线上，可以期望 SSE 为 0。距离最佳拟合直线越远的任何点都会增大 SSE。

在最坏情况下，拟合直线不会比按 y 的平均值画出的水平线更好，而且偏差也与偏离 y 平均值的偏差相同。此时 SSE 将等于 SST。现在可以定义一个量来衡量线性关系的强度，这个量就是决定系数 r^2，定义如下：

$$r^2 = (SST-SSE) / SST \qquad\qquad (2.14)$$

在最好情况下，即所有点都落在直线上时，SSE = 0 及 $r^2 = 1$；在最坏情况下，SSE = SST 及 $r^2 = 0$。决定系数是直线的解释变量与 y 的总变量之比。根据定义，我们知道当 r^2 为 0 时，回归直线的斜率也为 0。我们现在可以说 r^2 是测量线性关系强弱，即测量价格趋势强度的一种方法。

可以从 90% 或 95% 置信水平的线性回归分析中得出统计结论。例如，可以对线性回归斜率为 0 时的假设情况进行检验。如果斜率具有统计学上的意义，我们将拒绝斜率为 0 的无效假设。通常检验假设的过程是建立方差分析（ANOVA）表来计算 F-统计。ANOVA 表如表 2.4 所示。

表 2.4　线性回归 ANOVA 表

方差来源	自由度	平方和	均方差	F 值
回归模型	1	SSR	MSR = SSR/1	MSR/MSE
误差（残余）	(n-2)	SSE	[MSE = SSE/(n-2)]	
合计	(n-1)	SST		

n = 回归天数

表中，n 是线性回归天数。对我们来说，n 值取 14 天，所以误差项自由度为 12。我们已经在 r^2 的计算中定义了 SSE 和 SST。在置信水平下，比如，在 90% 的置信水平下，我们查找 90% 置信水平、自由度为 1 和 12 时的 F 值（你能在大多数介绍统计学的书籍里找到 F 值表）。

请注意 F 的两个重要值 3.18 和 4.75。在 90% 的置信水平下，F 值必须超过 3.18 才能产生显著斜率。同样，在 95% 的置信水平下，F 值必须超过 4.75 才能产生统计意义上的显著斜率。这两个 F 值都是对 14 天的回归进行检验。

为便于计算，我们将重写 r^2 项的 F 值公式，而且我们还使用 $SST=SSE+SSR$ 关系式来简化下面等式。我们也将使用 r^2 的计算公式。

$$F\ 值 = MSR/MSE$$
$$= (n-2)\ (SSR/SSE)$$
$$= (n-2)\ (SST-SSE)\ /SSE$$
$$= (n-2) \times r^2 \times [\,1/\ (SSE/SST)\,]$$
$$= (n-2)\ (r^2/1-r^2) \tag{2.15}$$

该式表明，当 r^2 增加，F 值增加，更有可能产生统计意义上的显著斜率。记住，对 14 天线性回归来说，重要的 F 值是 3.18 和 4.75。可以把这些值带到 F 值公式中，找到能产生显著斜率的 r^2 的临界值。因此，可以用 F 值来表达 r^2：

$$G=F/\ (n-2) \tag{2.16}$$
$$r^2=G/\ (1+G)$$

式中，F 是给定置信水平的 F 值，自由度为 1 和 （n-2）。从 G 的计算式中得到 r^2 临界值为 0.21 和 0.29 （四舍五入）。这些数据对应的是 90% 和 95% 的置信水平 （见表 2.5）。因此，当 r^2 值大于 0.29 时，斜率显著。

可以从一本统计学入门书中查找 F 值，用于计算想要的任何回归的 r^2 临界值。我们将时间长度为 10 到 50 天的线性回归的 r^2 临界值列在表 2.6 中。表中所有计算采用的置信水平都为 95%。当回归方程的决定系数大于临界值时，斜率显著。

表 2.6 显示，随着线性回归天数的增加，r^2 的临界值下降。因此，当回归的时间长度增加时，更容易辨识趋势。当 r^2 的计算值小于其临界值时，斜率在统计学意义上与 0 没什么区别。可以说，此时在价格数据中没有显著的趋势。

表 2.5　r^2 的临界值

置信水平	r^2 的临界值
自由度为 1 和 12 的 90% 置信水平	0.2095（四舍五入 0.21）
自由度为 1 和 12 的 95% 置信水平	0.2836（四舍五入 0.29）

如果 r^2 值超过了其临界值，则 n 天回归方程的斜率在统计学意义上显著。

表 2.6　r^2 的临界值

n（天数）	DOF=n-2	F 值 0.95, 1, n-2	G=F/（n-2）	r^2 临界值=G/（1+G）
10	8	5.32	0.665	0.40
20	18	4.41	0.245	0.20
30	28	4.20	0.150	0.13
50	48	4.04	0.084	0.08

如果 r^2 值超过了其临界值，则 14 天回归方程的斜率在统计学意义上显著。

置信水平=95%

n=回归天数

DOF=自由度

r^2 值四舍五入。

可以发现，较大的 r^2 值常常伴随着较大的斜率值。当斜率出现变化迹象时，r^2 值接近于 0。因此，在分析中应把斜率和 r^2 两者都考虑进去。

第3章 弹性指数动态平均线

变化在生活中是永恒的，这种感觉没有哪里比在交易大厅更明显了。金融市场和期货市场几乎每时每刻都在变化。这些市场都是动态的，因为交易员总是在不断地调整自己的盘感和对其他参与者的认知。然而，尽管存在这种动态变化，我们却往往在分析中使用静态指标，这些静态指标不会改变分析的时间周期。例如，许多交易员使用 9 日或 14 日周期来计算他们的技术指标，如相对强弱指标 RSI 等。

相比之下，动态指标可以改变分析市场行为时所用的时间周期。本章将向你展示如何使用弹性指数动态平均线（VIDYA），一种动态的指数平均线指标。它使用一个市场变量来调节其有效步长。例如，我们将把收盘价的标准差、动量摆动指标，以及决定系数 r^2 都指数化成 VIDYA。采取这种指数化的方法，改变 VIDYA 的响应能力和动态范围，使它能够适应交易的需要。

简单移动平均线及其响应能力

一条简单移动平均线（SMA）往往使用一个固定天数来计算其新数值。例如，当采用最近 10 天的数据来计算一条 10 日简单移动平均线时，我们忽略了市场的波动性。不幸的是，当前实际价格与移动平均线之间的间距会随着市场的快速变化而增大。用百分比来衡量，实际价格很容易较移动平均线相隔 1%～20%。

考虑两条日收盘价移动平均线；短期移动平均线参数为 5日，长期移动平均线参数为 10 日。如果市场快速移动，短期移动平均线要比长期移动平均线更早出现响应。在计算 5 日 SMA时，每日收盘价，包括最新收盘价，均为 20% 的权重。10 日SMA 中，最新收盘价的权重是 10%。短期移动平均线之所以比长期移动平均线响应快得多，是因为它使用的新数据所占权重大的缘由，而且最新价格与短期移动平均线之间的价格间距更小。

表 3.1 列出了模拟计算值。表中各列展示了新收盘价数据的20% 部分是如何让 5 日 SMA 比 10 日 SMA 对价格变化更敏感的。例如，在表中最后一行，收盘价高于 5 日 SMA 值 14.75%。同一收盘价要高出 10 日 SMA 值 20.48%。因此，更敏感的短期平均线缩窄了其与最新收盘价之间的间距。

该表阐释了弹性移动平均线背后的关键理念：当市场波动性增大时，通过减小移动平均线的步长来增强其对价格波动的敏感性；或在市场波动性减小时，增加移动平均线的步长。如果可能的话，通过自我调节步长，使平均线适应市场行为。

表 3.1　比较 5 日 SMA 与 10 日 SMA 的响应能力

收盘价	20%收盘价	10%收盘价	5 日 SMA	10 日 SMA
100	20.00	10.00		
125	25.00	12.50		
110	22.00	11.00		
90	18.00	9.00		
108	21.60	10.80	106.6.	

119	23. 80	11. 90	110. 40	
135	27. 00	13. 50	112. 40	
110	22. 00	11. 00	112. 40	
100	20. 00	10. 00	114. 40	
125	25. 00	12. 50	117. 80	112. 20
140	28. 00	14. 00	122. 00	116. 20

5 日 SMA 对 5 天的收盘价数据各赋予 20% 的权重。

10 日 SMA 对 10 天的收盘价数据各赋予 10% 的权重。

5 日 SMA 要比 10 日 SMA 响应速度更快，因为新数据权重对它的影响更大。

波动率指数

需要一个波动率指数来告诉我们市场氛围是在升温还是在降温。波动率可以用过去 x 天的收盘价标准偏差来衡量。

为了形成指数，还需要一个 x 天内标准偏差的参考值。该参考值将告诉我们所观察到的标准偏差过高还是过低。然后，我们参考当前波动率与历史波动率，就可以定义一个如下的波动率指数：

$$k=\sigma（x\text{天数}）/\sigma（\text{参考值}） \tag{3.1}$$

式中，σ（x 天数）是 x 天内各收盘价的标准偏差，σ（参考值）是标准偏差在 x 天内的历史值。例如，可以使用 σ 的 20 日移动平均线作为参考值，这将成为 σ 的历史参考值。也可以使用 5 倍时间周期的 σ 的平均值来计算标准偏差。

第三种方法是寻找 x 天内标准偏差的最大值和最小值，然后选择一个经验值为参考值，该经验值是最大值的 1/4 或 1/5。

下一个问题是选择移动平均线。我们将使用指数移动平均线。在数学上的指数平均数应该是一个常数。然而，我们将通过使指数成为一个可变量来偏离这一逻辑。可以把它想象成每天计算一个新的指数平均数。我们将使用一个变化的权重分数，而不是使用固定权重分数来更新平均线的新值。随着步长的变化，计算出的一系列数值将代表指数平均线的数值。

现在，可以用常见的指数平均线方程来写出 VIDYA 方程式：

$$VIDYA = \alpha \times k \times C_0 + (1 - \alpha \times k) \times C_1 \tag{3.2}$$

该方程中，当日收盘价和昨日收盘价分别标有注脚 0 和 1；我们已经定义过波动率指数 k。常数 α 决定着我们想要调节的指数平均线的有效步长。当 $k=1$ 时，指数平均线由 α 决定。当 $k>1$ 时，新数据在计算指数平均线中起到更大作用，指数平均线中的有效步长减小。当 $k<1$ 时，新数据在计算指数平均线中作用变小，指数平均线中的有效步长增大。在选择 α 值和 k 值时，必须保证 $(1-\alpha \times k)$ 项永远不会为负数。

VIDYA 的动态范围

我们现在可以从指数中估算出该指数平均线的有效步长。例如，设 N 为指数平均线的天数。指数平均线的 α 可根据以下方程计算出来：

$$\alpha = (2/N+1) \tag{3.3}$$

从而能通过 α 项计算出 N 值：

$$N = (2-\alpha)/\alpha$$

插入一个已知的 α 值就能算出指数平均线的天数。我们将通过构建一张表来展示当波动率指标变化时，VIDYA 的步长是如何变化的（表3.2）

该表显示，随着市场进入平静期以及 $k<1$，VIDYA 的步长是增大的。相反，当市场处于活跃期并且 $k>1$ 时，VIDYA 的步长是减小的。当 k 与 α 的乘积为 0.20 时，VIDYA 被视为一个 9 日指数平均线。当由于波动率上升，导致 $k \times \alpha$ 之积在 0.04 到 0.4 这

10 倍范围内变动时，VIDYA 的有效步长会从 49 天减小到 4 天。
这是一个很宽的动态范围。步长为 49 天的指数平均线要比步长
为 4 的指数平均线运行慢得多。因此，在市场波动率上升的情况
下，VIDYA 将比同等的指数平均线移动得更快些。

表 3.2 VIDYA 的动态范围和有效步长

波动率 （指标数，k）	α （用于 9 日 EMA）	$k \times \alpha$ （用于 VIDYA）	平均线的天数 （有效步长）
0.20	0.20	0.04	49.00
0.40	0.20	0.08	24.00
0.60	0.20	0.12	15.67
0.80	0.20	0.16	11.50
1.00	0.20	0.20	9.00
1.20	0.20	0.24	7.33
1.40	0.20	0.28	6.14
1.60	0.20	0.32	5.25
1.80	0.20	0.36	4.56
2.00	0.20	0.40	4.00

9 日指数平均线（EMA）的 $\alpha = 0.20$。

VIDYA 的有效步长 $= (2 - k \times \alpha) / (k \times \alpha)$。

动态范围就是有效步长的范围 $= 49 - 4 = 45$。

交 易 策 略

所有常用的移动平均线策略都可以用于 VIDYA 指标。例如，
可以使用 VIDYA 的买卖交易模型，以及移动平均线交叉决策模
型；或者取两条平均线的差值作为第三条移动平均线，即我们曾
在第 1 章和第 2 章中讨论过的指数平滑异同移动平均线 MACD 来

进行交易。也可以使用移动平均线组和它们的交易带，或使用 VIDYA 来设置跟踪止损点。因为 VIDYA 会根据市场波动性自动调整其步长，相对于同等时期的指数平均线而言，它对实际价格的关联性更强。因此，其敏感性使得交易更加及时，这是使用 VIDYA 最主要的优点。

可以使用围绕着 VIDYA 的波动带来进行交易决策，构建一个突破型的交易系统，即在价格突破波动带上、下边界时进场交易；随后的平仓和反手交易信号发生在当价格第一次回到波动带内时。也可以采用在 VIDYA 上、下设置固定的百分比，比如 1%，以形成比例带的做法，将比例带上、下边界作为支撑位和阻力位。当价格接近上、下边界时，就可以关注市场逆转的机会。通常，当市场趋势强劲时，价格可收在比例带之外，这是一个信号，表明趋势将持续下去。在采取反向交易时，要等到价格重新回到比例带内。

案例：VIDYA 和美国长期国债市场分析

图 3.1 是美国长期国债 1993 年 6 月合约价格，以及其 VIDYA 和同等时期指数平均线走势图。可以很容易地发现，VIDYA 比指数平均线的敏感性高得多。VIDYA 对图 3.1 价格数据的有效步长变化如图 3.2 所示。y 轴的单位是同等时期指数平均线的天数。你会发现，随着波动率的增大，VIDYA 的有效步长减小。例如，1993 年 2 月，当市场快速上涨时，VIDYA 的有效步长明显减小。你会发现，VIDYA 会自行调节其步长，以适应市场波动率的日常变化。请注意图 3.1 中，VIDYA 是如何在 1993 年 2 月向上移动的。

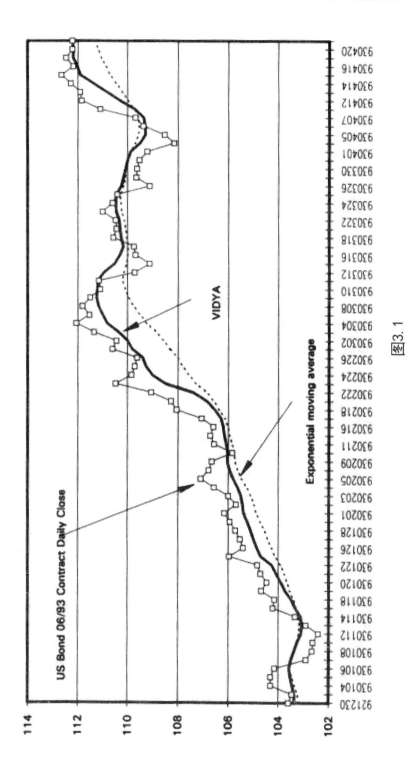

图3.1

也可以使用 VIDYA 设立独特的以收盘价为基础的跟踪止损点。例如，如果持有多单，但今日的市场收盘价低于 VIDYA，且明天收盘价有创新低的迹象，则你会在明天平掉多单。或者，当价格收在 VIDYA 之上，建立多单；当价格收于 VIDYA 之下，建立空单。一名进取型交易员可以预测收盘价是处于 VIDYA 之上还是之下，以初启自己的交易。这会比上面讨论的方法还要提早一天建立头寸。VIDYA 可设置独特的止损点，不会让你轻易出局。

漂移的交易带

图 3.3 展示了 VIDYA 及其 1% 交易带的例子。如果你愿意，也可以尝试设置不同比例层级的交易带。在 VIDYA 之下，画出 1% 的低位交易带，在 3 月价格从创纪录高点回调时可以将该处作为支撑位。注意，1993 年 3 月 26 日，处于交易带上的最初低点导致在更低的交易带上出现更低的价格。当价格从更低交易带反弹时，在设定好收盘价止损点等适当的风控条件的前提下，可以建立长期国债的多仓。在 1993 年 4 月的上涨行情中，出现了价格收在 1% 交易带之外的情形，市场显示出强劲的上涨。正如预期的那样，价格在持续攀升了四天多的时间后，才进入横盘整理。

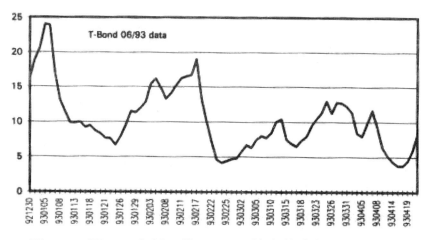

图 3.2　图 3.1 中所示的 VIDYA 的有效步长（日周期）

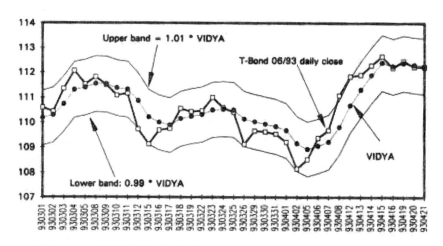

图 3.3　用弹性动态指数平均线平滑后的美国长期国债
1991 年 6 月期货合约价格走势

基于波动率的交易带

图 3.4 展示的是使用从 VIDYA 计算中派生得到的动态范围值所
生成的波动率交易带。该交易带可以作为一种突破型交易系统用于
交易，因为当价格处于该带上边界上方或处于其下边界下方时，往
往提供了交易机会。该交易带的计算细节请阅读本章末尾教程。

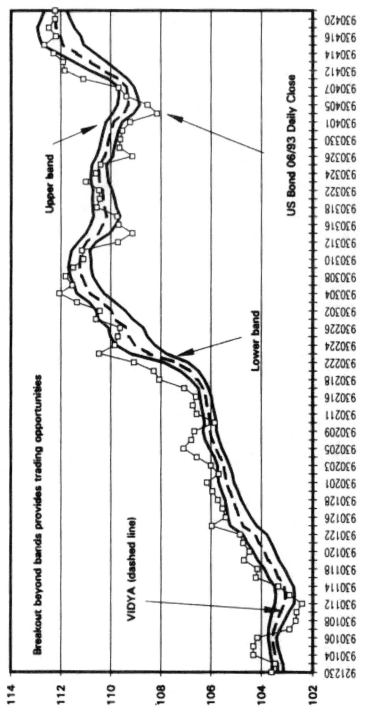

图3. 4

波动率交易带的另一个作用是定义趋势强度。如果价格收于该交易带上边界之外，市场趋势向上；相反，如果价格收于该交易带下界之下，市场趋势向下。也可以使用该交易带的方向来判断趋势。当价格处于该交易带内，则预示着价格无趋势或处于盘整状态。

将 VIDYA 引用到动量指标和 r^2 中

VIDYA 另一个有用的特性是，它可以被引用到任何数值变化在 0 到 1 的维度较小的市场变量中去。这时，不需要使用标准偏差来计算 VIDYA。例如，可以将 VIDYA 引用到决定系数 r^2 中去，因为 r^2 度量的是趋势强度，是无因次的，维度在 0 与 1 之间变化。你也可以把 VIDYA 引用到维度在 0 与 1 变化的动量摆动指标中去，诸如相对强弱指标 RSI 中去。我们喜欢使用 9 日钱德动量摆动指标（CMO）作为动量指数。作为 RSI 的一种变体，CMO 将在第五章中被论述。

图 3.5 显示美国长期国债 1993 年 6 月合约 在 1993 年 2—3 月份的价格走势，当时该合约交易很活跃。基于 CMO 绝对值的 VIDYA，对市场的快速运动非常敏感。同时，在市场盘整期间，它呈现平坦状态。

图 3.6 中，是采用标准偏差和 9 日 CMO 绝对值分别计算得到的两条 VIDYA。CMO 的比例乘数是 0.50。这意味着在计算中，9 日 CMO 值的变化范围在 0 至 0.50 之间（详细计算方法见本章末尾教程）。采用比例乘数和 CMO 绝对值计算得到的 VIDYA 对美国长期国债 1993 年 6 月合约更为敏感。它比基于标准偏差计算得到的 VIDYA 提速速度更快。请注意基于 CMO 的 VIDYA 在 1992 年 12 月的平坦状态，以及在 1993 年 1 月份的加速状态。上述两种不同的计算方法改变了 VIDYA 的敏感度。请注意，也可

以调整比例乘数来改变 VIDYA 的敏感度。

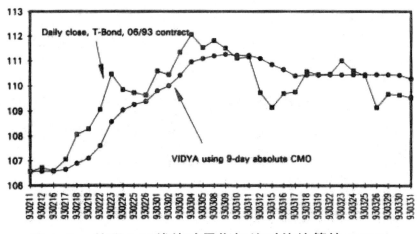

图 3.5　使用 9 日钱德动量指标绝对值编纂的 VIDYA

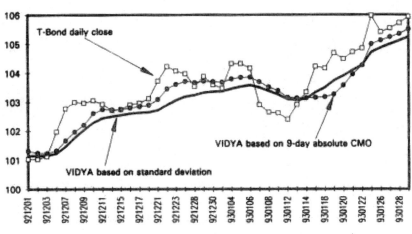

图 3.6　基于收盘价标准偏差的 VIDYA 与基于 9 日 CMO
绝对值的 VIDYA 之比较

　　图 3.7 显示的是同一时期相同国债合约价格走势，只是计算其 VIDYA 时采用的是 r^2。此处，我们也同样按 0.50 的乘数比例缩小 r^2 值，以便使其值的变动范围在 0 至 0.50 之间。比较

图 3.6 与图 3.7，可以观察到经过变量编纂后的 VIDYA，其敏感度是如何变化的。当线性回归分析显示市场趋势强烈时，基于 r^2 的 VIDYA 会迅速加速。它比基于 CMO 绝对值的 VIDYA 移动速度快得多。例如，可以比较 2 月中下旬两种 VIDYA 的形态。

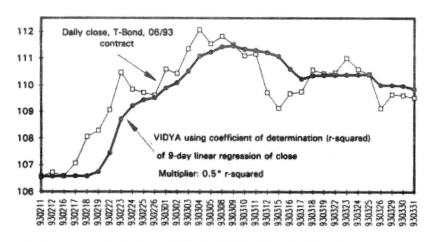

图 3.7 一条与市场行为挂钩的弹性动态平均线，是用 0.5 倍的 9 日收盘价线性回归分析决定系数（r^2）编纂而成的

在计算 VIDYA 的过程中，不仅能改变引用的变量，也能改变比例乘数。在图 3.8 中，可以发现对 r^2 使用一个新的 0.65 乘数后的效果。当市场无趋势时，将乘数从 0.50 变为 0.65 后，效果没有明显区别。一旦线性回归寻觅到如 1993 年 2 月 19 日那样的趋势，则采用较高乘数的 VIDYA 移动速度要快得多。注意，在合约替换期间，当 r^2 减小时，VIDYA 变得平坦。你可以使用基于 r^2 的 VIDYA 来设置主动性强的跟踪性止损点，这种止损点具有独特性，不会让你轻易被洗出局。

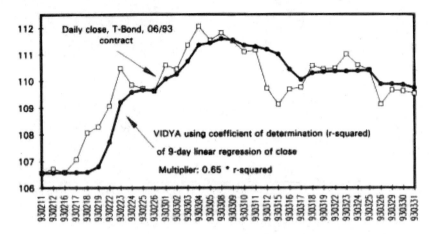

图 3.8　　与图 3.7 中类似的美国长期国债 1993 年 6 月合约日收盘价 VIDYA，使用 0.65 倍的 9 日线性回归 r^2 值计算得到

总　结

上述案例表明，当使用三种不同的 VIDYA 计算方法：采用基于收盘价标准偏差的波动率指数计算，采用基于某个动量摆动指标计算，以及采用基于线性回归分析趋势强度（r^2）计算时，所发生的不同结果。基于所采用的计算方法，VIDYA 能自动适应市场行为并选择有效步长。我们也看到，可以通过改变每种计算方法中的比例乘数增大 VIDYA 的动态范围，使其对价格变化更为敏感。

我们不仅可以像使用往常移动平均线交易策略那样使用 VIDYA 来进行交易，还可以使用 VIDYA 来设置独特的跟踪止损点，或设置波动率交易带来开发突破型交易系统。最后，还可以使用漂移的交易带来寻找阻力位和支撑位。简而言之，VIDYA 是一个灵活性很强的移动平均线指标，能够很容易地适应你的交易风格。

教程：VIDYA 电子表格

一旦完成了 VIDYA 的设置步骤，就可以在许多交易策略中运用它。由于它是一个移动平均线，因此所有常用的移动平均线策略都可以应用在它身上。例如，可以使用两条移动平均线的交叉来作为交易信号，或者也可以使用移动平均线设置跟踪止损点的策略。

使用标准偏差计算 VIDYA

首先，我们想使用市场波动率指数来评估价格行为。为了说明这一点，使用美国长期国债 1993 年 3 月合约收盘价的 10 日标准偏差数据来定义波动率。10 日标准偏差的 50 天平均值是 6.64。10 日标准偏差值的范围从最低的 0.13 到最高的 1.47。以下是波动率指数的范围值（四舍五入）：

$$k = 0.13/0.64 = 0.21$$
$$k = 1.47/0.64 = 2.29 \tag{3.4}$$

注意，计算波动率指数 k 采用的是 0.64 的参考值。这个参考值是将 10 日标准偏差的 50 天数据平均后得到的，当然也可以选择其他任意一个参考值。例如，收盘价 10 日标准偏差值的范围是在 0.13 至 1.47，如果任意选择一个参考值 1，则 k 值范围将变为 0.13 至 2.29。关键是要确保（$1-k \times \alpha$）项始终保持为正。因此，如果使用 0.1 的 α 值，则对参考值为 1 的（$1-k \times \alpha$），其数值是正的。可以测试一系列值来选择你所喜欢的 VIDYA 的敏感度。

我们将使用 19 日指数移动平均线，其 α 值为 0.1，用比值表示是 2/（19+1）或 2/20。其 VIDYA 活性可以根据表 3.3 中的数值范围计算出来。因此，我们可以始终有效地调节 VIDYA 的天数，从 8 天到 94 天。而等效的指数移动平均线总是使用 19 日为参数。

表 3.3 VIDYA 活性

k	α	K×α	天数（四舍五入）
0.21	0.1	0.021	94
1	0.1	0.1	19
2.29	0.1	0.229	8

表 3.4 揭示了用电子表格计算 VIDYA 的过程。首先计算出收盘价的 10 日标准偏差（0.96），然后除以 0.64 得到 k 值 1.50。使用早期（1992 年 12 月 9 日以前）的日收盘价求得 VIDYA 的第一个数值：1992 年 12 月 10 日的 104.20，由下列公式算出：

$$VIDYA = （0.1 \times 1.5）\times 104.25 + （1 - 0.1 \times 1.5）\times 104.19 = 104.20 \tag{3.5}$$

对应的指数平均线的 α 值为 0.1。指数平均线值显示在表 3.5 中最后一列。继续随后所有天数的计算。1993 年 2 月末，受克林顿总统预算提案影响，债券市场出现明显反弹。波动率增大，而 VIDYA 要比等效的指数移动平均线反应更迅速。表 3.5 列出了这些计算值。

表 3.4 VIDYA 的计算

日期	收盘价	10 日标准偏差	$k = c/0.64$	VIDYA	EXPMA
921127	102.00				
921130	101.97				
921201	102.19				

921202	102. 19				
921203	102. 31				
921204	103. 16				
921207	103. 97				
921208	104. 19				
921209	104. 19			104. 19	104. 19
921210	104. 25	0. 96	1. 50	104. 20	104. 19
921211	104. 13	0. 94	1. 47	104. 19	104. 19
921214	103. 88	0. 85	1. 33	104. 15	104. 16
921215	103. 91	0. 74	1. 16	104. 12	104. 13
921216	104. 09	0. 58	0. 91	104. 12	104. 13
921217	104. 13	0. 30	0. 47	104. 12	104. 13

　　1993 年 2 月 22 日至 2 月 26 日，随着波动率的增大，k 值也迅速增大。这一增加使 VIDYA 从新数据中获得了更大的权重。然而，等效的指数移动平均线在计算中却仍在继续使用 19 日。

表 3. 5　VIDYA 的计算

日期	收盘价	10 日标准偏差	$k = c/0.64$	VIDYA	EXPMA
930201	107. 41	0. 59	0. 93	106. 15	106. 02
930202	106. 94	0. 55	0. 86	106. 22	106. 11
930203	107. 25	0. 46	0. 72	106. 29	106. 23
930204	107. 81	0. 44	0. 69	106. 40	106. 33
930205	108. 34	0. 48	0. 75	106. 54	106. 58
930208	106. 03	0. 53	0. 83	106. 67	106. 73
930209	107. 91	0. 50	0. 79	106. 76	106. 84
930210	107. 09	0. 47	0. 73	106. 79	106. 87
930211	107. 81	0. 44	0. 69	106. 86	106. 96
930212	107. 97	0. 43	0. 68	106. 93	107. 06

930216	107. 84	0. 43	0. 67	107. 00	107. 14
930217	108. 31	0. 38	0. 59	107. 07	107. 26
930218	109. 34	0. 54	0. 85	107. 27	107. 47
930219	109. 56	0. 70	1. 09	107. 52	107. 68
930222	110. 31	0. 94	1. 47	107. 93	107. 94
930223	111. 72	1. 35	2. 11	108. 73	108. 32
930224	111. 09	1. 47	2. 30	109. 27	108. 60
930225	110. 97	1. 40	2. 19	109. 64	108. 83
930226	110. 88	1. 33	2. 08	109. 90	109. 04

你还能从该表中看到 VIDYA 的敏感度。从 1993 年 2 月 19 日至 2 月 24 日，VIDYA 增加了 1.75。同期，指数移动平均线仅增加了 0.92。VIDYA 从 107.52 增加到 109.27，而指数移动平均线从 107.68 增加到 108.60。这些计算结果表明，VIDYA 比等效的指数移动平均线更紧靠价格。对个性化交易员来说，在使用各种交易策略时可以利用 VIDYA 的这些优点。

用 VIDYA 计算波动率交易带

用 VIDYA 生成波动率交易带（见表 3.6），先要如前所示计算 VIDYA，然后加上基于波动率的成分项以形成波动率交易带。首先计算收盘价的 10 日标准偏差，然后用 0.64 除以标准偏差值求出指数 k。得到基于波动率的函数项。接下来，我们须将这些函数项乘以与 VIDYA 等效的指数移动平均线的数值。然后，再把该项数值加到 VIDYA 上成为波动率交易带的上边界。

我们使用乘数为 2，从 VIDYA 中加上和减去 2 倍的基于波动率的函数项。例如，对 1992 年 12 月 10 日，我们进行下列计算，注意 0.1 是等效指数移动平均线的指数：

波动带上界 $= \text{VIDYA} + 2 \times 0.1 \times k = 104.20 + 2 \times 0.1 \times 1.50$

= 104. 50

　　波动带下界 = VIDYA－2×0. 1×k = 104. 20－2×0. 1×1. 50 = 103. 90

$$(3.6)$$

　　由此产生的波动率交易带可作为一个突破型交易系统。高于波动率交易带上边界的收盘价是下一交易日的买进信号，低于波动带下界的当天收盘价是下一交易日的卖出信号。一旦你持有多单，当收盘价低于波动率交易带的上边界时，就是结束交易的信号。如果价格重新收于波动率交易带上边界上方，你就要准备建立多仓。当价格从波动率交易带下边界的下方回到波动率交易带内，则是结束敞口空单的信号。

表 3.6　VIDYA 波动率交易带的计算

日期	收盘价	10 日标准偏差	k = 标准偏差/0.64	VIDYA	波动带上界	波动带下界
921127	102. 00					
921130	101. 97					
921201	102. 19					
921202	102. 19					
921203	102. 31					
921204	103. 16					
921207	103. 97					
921208	104. 19					
921209	104. 19			104. 19		
921210	104. 25	0. 96	1. 50	104. 20	104. 50	103. 90
921211	104. 13	0. 94	1. 47	104. 19	104. 48	103. 89
921214	103. 88	0. 85	1. 33	104. 15	104. 41	103. 88

921215	103. 91	0. 74	1. 16	104. 12	104. 35	103. 88
921216	104. 09	0. 58	0. 91	104. 12	104. 30	103. 93
921217	104. 13	0. 30	0. 47	104. 12	104. 21	104. 02
921218	104. 28	0. 13	0. 21	104. 12	104. 16	104. 08
921221	104. 88	0. 26	0. 41	104. 15	104. 23	104. 07

还可以运用波动率交易带开发其他的交易策略，如反趋势交易。可以使用 VIDYA 设立基于收盘价的止损点，或者也可以使用价格与 VIDYA 的交叉来买进或卖出。在交易策略中使用 VIDYA 的能力和灵活性方面，本书只是提供给你一种感性认识。

使用 CMO 计算 VIDYA

可以使用变动范围在 0 到 1 的与市场有关联的任何指数标来计算 VIDYA，例如，可以使用钱德动量指标（CMO）来编纂 VIDYA。

在此，将使用美国长期国债 1993 年 6 月合约的日收盘价数据。Mtm Up 指的是当天收盘价高于昨日收盘价时的市场动量；如果当天收盘价低于昨日收盘价，则 Mtm Up 为 0。如果当天收盘价低于昨日收盘价，则 Mtm Down 为正值，否则为 0。

在下列式中，我们首先定义 9 日中上涨天数动量总和为 S_u，下跌天数动量总和为 S_d，则有：

$$CMO = (S_u - S_d) / (S_u + S_d) \tag{3.7}$$

$$AbsCMO = | CMO |$$

CMO 是净动量，是 9 日内动量绝对值的一部分，它可以是正值，也可以是负值。AbsCMO 是 CMO 的绝对值，即不考虑正负符号的 CMO 值。CMO 值的变化范围在 -1 至 +1 之间，而 AbsCMO 的变化范围在 0 至 1 之间。现在可以用 AbsCMO 来定义

VIDYA 了。

这里，对 AbsCMO，我们使用了 0.5 的乘数，但如果你愿意，也可以尝试采用其他乘数值。使用这样一个简单的比例因子的好处在于，可得到一个从 AbsCMO 到 VIDYA 的线性转换。如果你把 CMO 值平方以消除负号，那么转换就变为非线性的了。乘数越大，VIDYA 就越敏感。因此，有：

$$VIDYA = （0.5 \times absCMO）\times C_0 + （1-0.5 \times absCMO）\times VIDYA_1$$

$$(3.8a)$$

式中，C_0 是当天收盘价，而 $VIDYA_1$ 是昨日的 VIDYA 值。以下，通过使用表 3.7 中 1993 年 2 月 12 日的数据来演示计算过程：

$S_u = 0.3125 + 0.5625 + 0.5313 + 0.7188 + 0.1563 = 2.2814$，

$S_d = 0.4688 + 0.3125 + 0.125 + 0.8126 = 1.7189$，

$（S_u - S_d）= 0.5625$，

$（S_u + S_d）= 4.0003$，

CMO $= 0.5625/4.003 = 0.140614$，

AbsCMO $= 0.140614$，

$VIDYA_1 = 106.5625$，

$k = 0.5 \times 0.140614 = 0.070307$，

VIDYA $= 0.070307 \times 106.7188 + （1 - 0.070307）\times 106.5625 = 106.573489 = 106.5735$。

表 3.7　用 CMO 计算 VIDYA

日期	收盘价	Mtm Up	Mtm Dn	9 日 AbsCMO	VIDYA
930201	106.1563				
930202	105.6675	0	0.4688		
930203	106.0000	0.3125	0		
930204	106.5625	0.5625	0		

930205	107. 0938	0. 5313	0		
930208	106. 7813	0	0. 3125		
930209	106. 6563	0	0. 1250		
930210	105. 8437	0	0. 8126		
930211	106. 5625	0. 7188	0		106. 5625
930212	106. 7188	0. 1563	0	0. 140614	106. 5735
930216	106. 5938	0	0. 1250	0. 247860	106. 5760
930217	107. 0625	0. 4687	0	0. 278674	106. 6438
930218	108. 0625	1	0	0. 352925	106. 8941
930219	108. 2812	0. 2187	0	0. 301554	107. 1033
930222	109. 0625	0. 7813	0	0. 517702	107. 6104
930223	110. 4688	1. 4063	0	0. 670306	108. 5684
930224	109. 8437	0	0. 6251	0. 727246	109. 0321
930225	109. 7188	0	0. 1249	0. 643316	109. 2530
930226	109. 6250	0	0. 0938	0. 599983	109. 3646

使用 r^2 计算 VIDYA

我们已经看到，线性回归分析计算中得到的决定系数 r^2，是一种测量趋势强度的工具。由于 r^2 在 0 至 1 之间变动且始终为正，因此它成为编纂 VIDYA 的一个理所当然的候选者。

我们将使用 Excel3. 0 电子表格来计算 VIDYA，该电子表格的特点是具有内置函数 LINEST，我们将它与内置函数 INDEX 一起使用来计算 r^2。有关 r^2 的更多细节，最好复习一下线性回归分析章节部分。我们将用 9 天作为线性回归计算的周期长度。

以下使用 Excle3. 0 中的 INDEX 和 LINEST 函数计算 r^2。

r^2 = INDEX （LINEST （b3：b11，\$ c \$ 2：\$ c \$ 10，TRUE，TRUE），3） (3.9a)

将该值乘以比例常数 0. 65 或 0. 50 后，用于计算 VIDYA。

接下来，让我们复习下面使用表3.8中1993年2月12日的数据进行计算的过程：

k1 = 0.65×0.1292494 = 0.08401211，

VIDYA = 0.08401211 × 106.7188 + （1 − 0.08401211）× 106.5625 = 106.5756　（3.9b）

表 3.8　用 r^2 计算 VIDYA

日期	收盘价	r^2	0.65×VIDYA	0.50×VIDYA
930201	106.1563	1		
930202	105.6675	2		
930203	106.0000	3		
930204	106.5625	4		
930205	107.0938	5		
930208	106.7813	5		
930209	106.6563	7		
930210	105.8437	8		
930211	106.5625	9	106.5625	106.5625
930212	106.7188	0.1292494	106.5756	106.5726
930216	106.5938	0.0336062	106.5760	106.5730
930217	107.0625	0.0022159	106.5767	106.5735
930218	108.0625	0.1869946	106.7593	106.7142

这些计算表明，通过使用无量纲的与市场相关联的指标，诸如波动率、动量摆动指标或 r^2，可以使 VIDYA 适应市场行为。你可以调节比例乘数，以增大或减少该弹性移动平均线的敏感度。

第4章 QSTICK：量化的K线

源于日本的价格分析方法K线图（蜡烛图），主要是一种形态识别技术。因此，它具有预测功能，不像移动平均线或其他震荡指标。但使用这种方法的缺点是，对价格形态的解释非常主观，因此，该方法在本质上仍然是定性的。

建立在K线分析基础之上的新型指标Qstick，能够对K线分析进行量化，并且改善对K线形态的解读。Qstick是日收盘价与开盘价差值的移动平均线，这个差值处于K线的中心位置。

K 线分析基础

可以用绘制条形图的相同数据来绘制K线图。因此，一根K线使用研究周期的开盘价、最高价、最低价和收盘价来绘制。K线图常与趋势线、移动平均线、交易带等结合使用。

在K线分析中，每天的价格行为用一根蜡烛线来表示。烛体是开盘价与收盘价之间的矩形幅度。如果收盘价低于开盘价，则烛体被填充为黑色。如果收盘价高于开盘价，则烛体为白色（不填充颜色）。"下跌的天数是黑暗的"是很容易记住这种绘制方法的。连接最高价和最低价的细线称为上下影线或尾部。

图 4.1 展示了一张条形图以及与其对等的 K 线图。数据来自 1993 年 7 月 2#棉花期货合约。尽管这两张图使用的数据相同，但 K 线图在揭示牛市和熊市行情方面更加引人注目。

在研究 K 线图时，大多数分析都着眼于两个重要因素。第一个因素是一条新 K 线自身的外表形状。可以仔细观察开盘价与收盘价的间距幅度，以及它与影线的比例。但是，由许多根 K 线组成的"大图"要比单一的一根 K 线重要得多。通常，单独 K 线只有放在一幅宽广的技术图表里观察才更有意义。

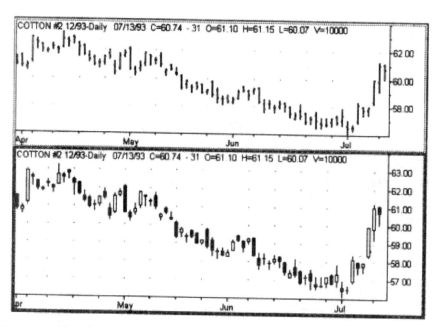

图 4.1　使用相同 2#棉花期货合约日数据绘制的条形图与 K 线图

这就引出了研究 K 线形态的第二个，也是更为重要的方面：由两根或两根以上 K 线组成的价格形态。开盘价与收盘价之间的间距幅度显示了市场牛、熊力度。当开盘价与收盘价相距较远时，市场具有巨大动力和坚强信心。相反，当开盘价与收盘价相隔不远时，市场缺乏动力和信心。影线的长度也很重要，强劲市场的 K 线其影线短，而那些正在衰减或变化的市场 K 线往往带有长长的影线。一连串 K 线组成的形态也许暗示着市场能量正在增强或衰减。

Qstick：日内动量指标

我们注意到，开盘价与收盘价之间的间距幅度是 K 线分析中最重要的因素。收盘价减去开盘价之差，是一种衡量日内（或盘中）动量的方法。我们已经对这一间距幅度进行了量化，以期开发出一种跟踪趋势的指标。这个指标称为 Qstick，它被定义为日内动量的移动平均线。

计算这个简单移动平均线使用的是 8 日数据。也可以尝试使用其他的时间周期，从数分钟到数月。

Qstick ＝Average （（C-O），8）（SuperCharts 软件公式）

　　　　＝ Mov （（C-O），8，S）（ Metastock 软件公式）　　（4.1）

上述式中，O 为开盘价，C 为收盘价。开盘价与收盘价之间的日间距幅度可以为正或负。当市场收盘价高于其开盘价时，Qstick 为正。

注意，给出的开盘价和收盘价数据具有可变性。例如，开盘价可能是第一笔交易的价格，或者是被报道的第一笔交易的价格，而该交易却不是已完成的第一笔交易。或者，使用的开盘价是第 1 分钟内所有交易的平均价；对收盘价来说也是如此。

在我们列举的例子中，用的是简单移动平均线来计算 Qstick（如果你愿意，也可以使用指数移动平均线）。例如，在对期货市场进行短期分析时，我们更喜用 5 日 Qstick 线。如果使用的是周线图，你可以使用 30 周 Qstick 线对长期趋势进行研究；或者使用 5 周 Qstick 线用于中期趋势的分析。在日图上，通常采用 20 日 Qstick 线用于中期趋势的分析。

Qstick 交易策略

可以把 Qstick 线画在 K 线图上，以发现两者之间的差异。在行情到达显著顶部和底部时，Qstick 和 K 线往往存在差异。

出现这种持续数天的差异现象是趋势变化即将来临的信号，它是由于盘中动量发生变化而导致的，其产生是因为 Qstick 盘中动量要早于 K 线盘中动量发生变化。

可以再用一条移动平均线来平滑 Qstick 本身，看看 Qstick 是在该移动平均线的上方还是下方。当市场出现巨大的价格变动时，一旦 Qstick 与其相对滞后的移动平均线向下（或向上）交叉，则可以发现市场动量出现变化。

也可以运用 Qstick 理念，用移动平均线组合来产生交易信号。把日内动量的一条短期和一条长期移动平均线组合后，当短期平均线向上交叉长期平均线时就发出买进信号；这就很好地解释了日内动量增加可作为价格上涨信号，日内动量减弱可作为价格下跌信号。同样，当短期平均线向下交叉长期平均线时就发出卖出信号。

采用 Qstick 跟踪市场长期趋势的方法，是使用 Qstick 线与 0 轴的交叉信号。你会发现 Qstick 值符号的变化往往伴随着市场趋势的变化。当 Qstick 由负值变为正值时，可以在下一交易日做多；当 Qstick 由正值变为负值时，可以在下一交易日做空，或者平掉你之前的多头头寸。进取型交易员还可以预期 Qstick 线即将与 0 轴的交叉，并抢先下单。

案例：Qstick 与 1987 年股市崩盘

图 4.2 显示的是标准普尔 500 指数在 1987 年崩盘前三个月的 Qstick 数据，其计算周期为 8 日。图中还显示了 8 日 Qstick 的简单移动平均线。发现标准普尔 500 指数价格与 Qstick 在 8 月份顶部处的表现存在差异。这些差异也发生在 10 月初的次高点处。当 Qstick 下穿其移动平均线时，随之而来的是价格的下跌。

尽管采用 Qstick 分析无法预测到此次股市崩盘的规模，但当它处于其移动平均线下方时，它确实发出了向下趋势的信号，此时指数价格为 320。请注意 Qstick 是如何加速偏离其自身移动平均线、直到股市崩盘的。

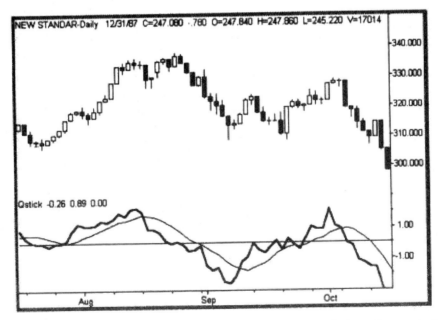

图 4.2　1987 年 10 月崩盘前的 S&P500 指数图，下方为 8 日 Qstick 线

这种分析并不是依赖使用了 8 日周期的数据来计算 Qstick，改变计算用的时间周期也会得到相同的结果。图 4.3 显示的是与图 4.2 价格数据相同，但周期为 16 日的 Qstick 线。两个图中，Qstick 自身平滑移动平均线的参数周期均为 8 日。请注意在 8 月份指数价格与 Qstick 两者之间的差异：Qstick 比指数价格提前达到峰值；并且在 10 月初的价格次高点处再次提前到达峰值。

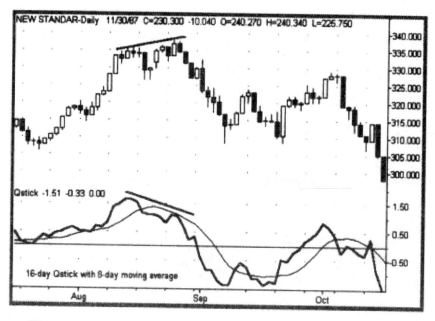

图 4.3　16 日 Qstick 线及其 8 日简单移动平均线与 1987 年 S&P500 指数图

Qstick 和动量

由于在 Qstick 的定义中使用的是一个动量的计算，因此，Qstick 与动量两者之间存在广泛的相似性。然而，这两项指标对于市场行为的描述有明显的差异。以下用图 4.4 的 1993 年 9 月咖啡期货合约价格来说明这种差异性。图中把 8 日 Qstick 与动量指标叠加在一起。Qstick 对动量指标的发散和收敛取决于市场走势：具体来说，当市场存在趋势性时，两者趋于收敛；而在盘整期间，两者趋于发散。Qstick 往往比动量指标移动得更快、更远。

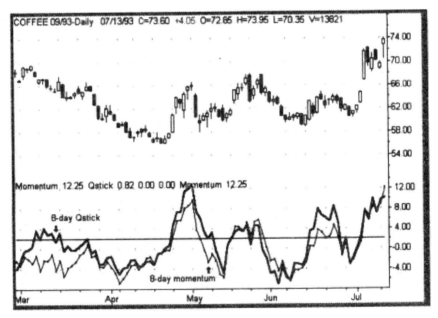

图 4.4　1993 年 9 月咖啡期货合约图中 8 日 Qstick 线与 8 日动量指标的比较。粗线为 Qstick 线，细线为动量指标线

当开盘价接近于前一天的收盘价时，Qstick 与动量指标相互收敛。当昨天的收盘价 C_1 与当天的开盘价 O 离得不远时，从数学角度看，当天收盘价（C）与开盘价（O）之差 C-O 大致等于 $C - C_1$，这发生在市场平稳期。当开盘价离前一天的收盘价较远时，Qstick 与动量指标就会发散，这种差异性往往发生在由外部事件驱动的趋势性市场里。

日内动量指数

我们注意到，收盘价与开盘价之差是 K 线分析的核心，通过使用一条简单移动平均线量化该差值就得到 Qstick。更进一步，如果能有一个震荡指标来精确定位盘中动量的极值，那将是非常有用的。我们将通过采用在计算相对强弱指数（RSI）中所使用的计算方法，来开发这样一个震荡指标——日内动量指数（IMI）。

按照 RSI 的计算方法，我们把盘中动量分为牛市动量和熊市动量，将两项值都设为正值。然后，使用以下方程式定义上面所提到的日内动量指数，即 14 日的日内动量指数（IMI）。

IS_U = 日内向上动量总和 （C>O）

IS_D = 日内向下动量总和 （C<O）

$$IMI = \frac{IS_U}{(IS_U + IS_D)} \qquad\qquad (4.2)$$

毫无疑问，IMI 与 RSI 有着相似性。现在可以判断是白色 K 线还是黑色 K 线主导着近期的市场行为。如果是白色 K 线占主导的话，则 IMI 值将大于 70。相反，如果是黑色 K 线占主导的话，则 IMI 值将小于 20。当市场处于盘整期时，IMI 值将处于 40 到 60 的中性范围。

当超卖后的市场试图筑底时，将会逐渐出现越来越多的白色 K 线，即便是价格保持在一个窄幅区间里。通过使用 IMI，可以察觉到这种变化，因为 IMI 值将会增加到 70。同样，当市场开始走向顶部时，将会出现更多的黑色 K 线，导致 IMI 值下降到 20。因此，IMI 可用于盘中动量微妙变化的量化分析，它超前于盘中动量的变化。故 IMI 是另一种量化 K 线的方法。

例如，请注意图 4.5 中德国马克市场 1993 年期货合约的 IMI

指标。该日内动量指数优于收盘价先触顶和触底。

简而言之，IMI 是有用的，因为在关键转折点处，日内动量不同于日间动量（Qstick）。就此，我们可以将 IMI 与 Qstick 同时使用，以更好地理解市场价格行为。

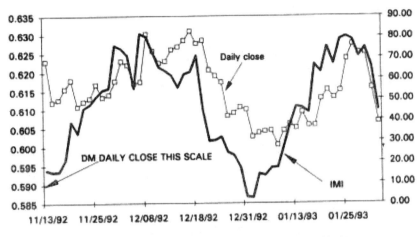

图 4.5　德国马克市场中的日内动量指数

量化 K 线的上下影线

就像通过定义 Qstick 和 IMI 来量化 K 线烛体那样，我们可以通过将日 K 线的上、下影也分别进行量化，以突出具有异常的长上影或长下影的交易日。这是一个很有用的特性，因为它们被认为发生在行情转折点附近。可以把影线定义为：

上影线＝最高价−收盘价（如果收盘价>开盘价）

　　　＝最高价−开盘价（如果收盘价<开盘价）　　　　（4.3）

下影线＝开盘价−最低价（如果收盘价>开盘价）

　　　＝收盘价−最低价（如果收盘价<开盘价）

可以用日上影线或日下影线的简单移动平均线或指数移动平均线来表示市场的最近趋势。K 线分析师已发现，当市场确定了方向时，其 K 线所带影线较短。因此，当影线的移动平均线在下降时，我们可以坚信市场方向。然而，当市场方向不确定时，K 线会带有长长的影线。当影线的移动平均值增大时，可以观察到市场犹豫不决。为了发现市场方向的不确定性，应遵循日影线和其移动平均线的这种规律。

K 线分析师把具有长影线的 K 线分为所谓的锤子线或吊颈线。它们属反转形态，其影线长度要比其烛体颜色重要得多。而且，上影线部分和下影线部分会快速识别具有异常影线的那些交易日。你可以拿前期行情转折点的那些 K 线来比较它们的影线长度。

美国长期国债市场经常出现长影线。图 4.6 显示的是长期国债 1993 年 9 月期货合约 K 线图，以及画在 K 线下方、测量的上影线和下影线的长度值。我们圈出了有趣的形态区域。注意，长上影和长下影显示出 3 月份市场犹豫不决（或上有阻力下有支撑）。这些影线比通常的影线要长得多，正如图中下影线图所示的那样，发出一个中级顶部的警讯。

还要注意，图中上影线显示 4 月初市场存在一定的阻力。当市场冲破该阻力后，价格快速上涨创出新高。价格在接近 3 月高点时再次遇到阻力，如图中长上影显示的那样。价格盘整时也产生大量的带影线 K 线，显示市场犹豫不决。同样，5 月中下旬所形成的底部处也产生大量的带下影的 K 线，显示价格已接近支撑位。

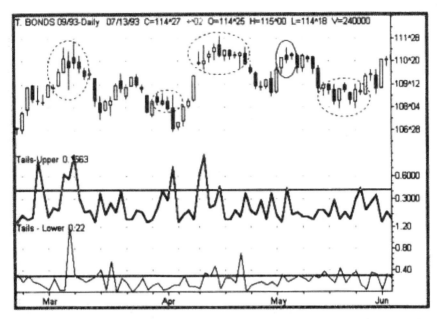

图 4.6　美国长期国债 1993 年 9 月期货合约 K 线及其上影和下影图

　　货币市场也显示长长的影线，正如在图 4.7 德国马克 1993年 9 月期货合约中所看到的那样。长下影线表明价格受到一定的支撑，而上影线表明价格遇到一定的阻力。横盘震荡时（如 6 月下旬和 7 月）K 线上、下两端都出现长长的影线。例如，当价格出现微弱反弹时，长下影线表示价格遇到支撑；长上影线则显示价格遇到阻力。在出现长上影线后，德国马克走弱并创出新低。

　　可以测量上、下影线，并把测量值画成图线以帮助你进行交易决策。上影线和下影线图可以让你将当天的影线与最近的市场行为进行比较，以评估影线的重要性。你可以使用上、下影线来发现局部支撑位和阻力位，在阻力位附近卖出并在支撑位附近买入，且设立较近的止损点以保护你的头寸。

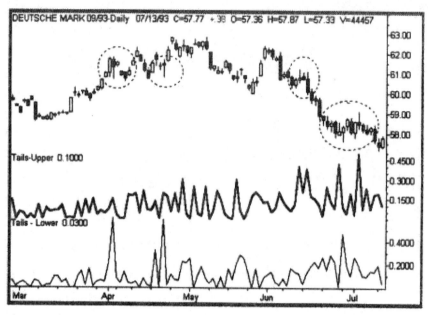

图 4.7　德国马克 1993 年 9 月期货合约 K 线及分别画出的
其上影和下影图

案例：用 Qstick 分析三只股票

　　本节中，将会看到如何运用 Qstick 概念对股票价格进行长期分析。这些例子表明，量化的 K 线是如何改善你对股票价格行为分析能力的。图 4.8 显示的是 1991 年 6 月至 1992 年 6 月美国安进（AMGN）公司股票的周 K 线图。图中包括周收盘价的一条 10 周简单移动平均线，以及采用 5 周简单移动平均线进行了平滑得到的一条 5 周 Qstick 线。

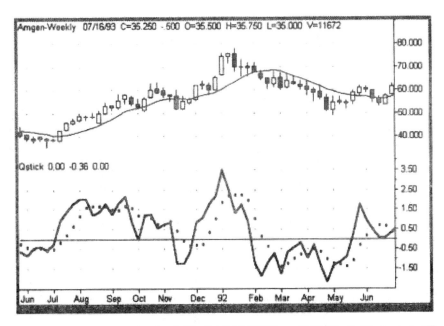

图 4.8　1991—1992 年安进公司股票周 K 线图及 5 周 Qstick 图

　　安进公司股票从 1991 年中旬开始上涨，在 1992 年 1 月初达到顶点 78.25 美元。1991 年 9 月，Qstick 出现一个宽幅顶部，随后震荡运动进入 11 月份。然后，Qstick 见底并在 1 月份快速上升，其峰值发生在 1992 年 1 月 3 日，比两周后才达到峰值的实际价格超前了两周。在 1992 年 1 月 17 日那一周，Qstick 跌至其移动平均线之下，而当时安进公司股票收于 70 美元。因此，Qstick 出现陡峭尖峰，以及其下穿自身移动平均线的确定性突破都提前警示着重要顶部的到来。在安进公司股票于 1993 年 4 月开始暴跌时，这种卖出信号已经持续了三周。

　　图 4.9 显示的是 1992 年 7 月至 1993 年 7 月安进公司股票价格周 K 线图。再次注意到 Qstick 于 1992 年 11 月 13 日那一周又出现陡峭尖峰，先于股票出现峰值，因后者是在 1992 年 12 月 4 日那一周达到的 78 美元峰值的。此时安进公司股票出现双顶。

1993 年 1 月，在安进公司股票价格跌破 10 周平均线并暴跌之前，Qstick 就已经明显处于其自身移动平均线之下了。Qstick 与股价在 3 月份同时触底，并在 3 月中旬加速上升至其移动平均线之上，与股价底部十分吻合。这个例子表明，Qstick 可以提供趋势变化的早期预警信号，尤其是当市场价格剧烈波动时。

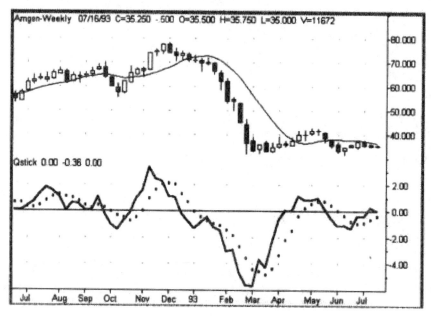

图 4.9　1992—1993 年安进公司股票周 K 线及 5 周 Qstick 图

在分析股价长期运动时，Qstick 也被证明是有价值的。图 4.10 所示的是从 1988 年 2 月至 1990 年 11 月，通用电器公司（GE）股票周 K 线走势图。这一时期包括 1987 年 10 月股灾之后随之而来的再次大幅下跌阶段。图中画出了 30 周 Qstick 线以及其 30 周简单移动平均线。注意 Qstick 在 1990 年 6 月 1 日当周是如何形成尖锐峰值的，并在 1990 年 8 月 3 日当周是如何跌破移动平均线的，这些都发生在 10 月股价大跌之前。当 Qstick 跌破其多年以来形成的上升通道时，GE 股价当时为 69.75 美元。分析 Qstick 对洞察 GE 股票的趋势变化非常有用。

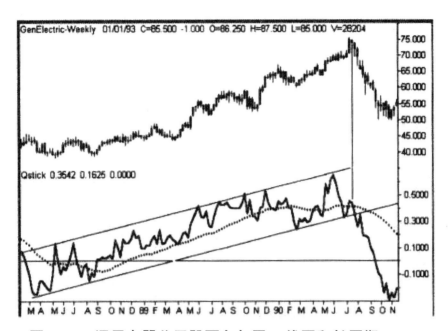

图 4.10　通用电器公司股票多年周 K 线图和长周期 Qstick 及其移动平均线

图 4.11 继续分析 GE 股票，时间跨度从 1991 年 7 月至 1992 年 4 月。图中画出了 30 周的 Qstick 线及其平滑的 30 周移动平均线。该趋势线分析能快速揭示行情的重大变化。其关键转折点发生在 GE 股票关键转折点之前。由此可以看出，Qstic 可用于对个股的长期股价分析。

图 4.11 还显示了 Qstick 可用于确认 K 线形态。发生在 1991 年 1 月的看涨形态被 Qstick 的底部所确认。同样，1991 年 12 月出现的早晨之星牛市形态也被 Qstick 的上升所证实。1991 年 5 月出现的价格顶部，并没有完全形成乌云压顶的形态，然而，它确

实发生在 Qstick 的顶部附近，并跌破了 Qstick 的趋势线。因此，Qstick 图对辨别潜在顶部是有帮助的。

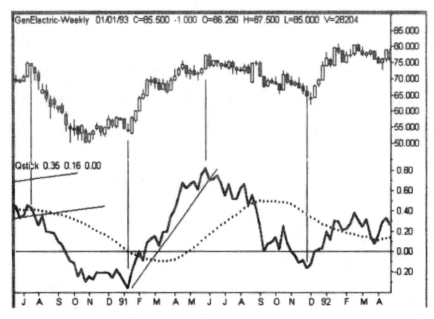

图 4.11　通用电器公司股票周 K 线图和其长周期 Qstick 图

最后，图 4.12 是使用 20 日 Qstick 及其 20 日移动平均线分析中期股价的例子。所用数据为菲利普莫里斯公司（MO）股票从 1992 年 9 月顶部开始，直至 1993 年 5 月止的日数据。Qstick 于 1992 年 9 月中旬跌于其移动平均线之下，发出了顶部即将来临的信号。10 月中旬，Qstick 的 20 日移动平均线转为负值，暗示未来价格将回落。随着 12 月中旬的反弹，Qstick 的 20 日移动平均线重新回到 0 轴附近，随后又一直处于负值区域直到 1993 年 5 月末。从 1992 年 12 月的第二周起，到 1993 年 5 月的第一周止，Qstick 也一直没有转为正值。Qstick 被称为 MO 股票的抓顶指标，并在股价的整个下跌全程中一直与空方保持一致。使用 Qstick，就能避免菲利普莫里斯公司股票的大跌行情，或者做空使资金翻倍。

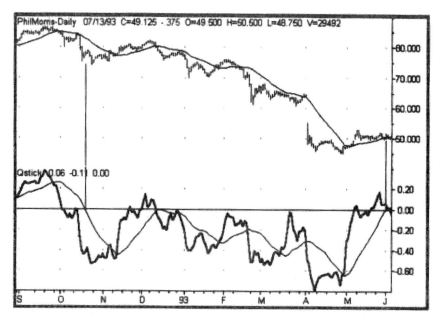

图 4.12　使用菲利普莫里斯公司股票日数据和 20 日 Qstick 及其 20 日简单移动平均线进行中期股价分析

总　结

量化 K 线的目的是为了改善对 K 线形态的识别。我们使用 K 线烛体，经由 Qstick（移动平均值）以及日内动量指数（一种指标）来量化这些形态。我们也分别对 K 线的上影线和下影线进行量化处理。这些指标可以自行使用，也可以用来阐释 K 线形态。我们展示了如何运用这些理念对股票或期货市场价格进行短期、中期和长期分析。

Qstick 教程

计算 Qstick

表 4.1 为德国马克 1993 年 3 月期货合约数据，数据中没有使用小数位数。数据的首日是 1993 年 1 月 8 日，最后一天是 1993 年 2 月 2 日。用收盘价与开盘价之差来作为日 Qstick 值；表中最后一列是日 Qstick 的 5 日简单移动平均线值。不过，你也可以用自己所希望采用的天数周期来计算移动平均线值。

假设你是一位顺势交易员，你将会在第 11 天做空，因为 Qstick 值在第 10 天下穿 0 轴变为负数。但如果你是一位咄咄逼人的交易员呢？那么，第 10 天一开市，你将把（C-O）日数据相加，总和是 35 点（+59-27-7+10）；因此你会意识到，如果德国马克价格比开盘价低 35 点或更低，那将会推动 Qstick 值至 0 轴以下，这时你就可以制定一个短期卖出计划。比如说，当价格低于第 10 天的开盘价 40 点时卖出。那么，你就能在第 10 天拥有 6209 价位的空头头寸。在接下来的两天里，本次交易的收益将超过 2100 美元。

表 4.1　德国马克 1993 年 6 月合约的 Qstick 样本计算

天数	开盘价（O）	最高价	最低价	收盘价（C）	每日（C-O）	Qstick5 日平均值
1	6063	6162	6057	6153	90	
2	6151	6176	6129	6163	12	
3	6152	6191	66152	6185	33	
4	6185	6207	6132	6149	−36	
5	6155	6053	6151	6241	86	37.00
6	6241	6322	6235	6300	59	30.80

7	6295	6338	6274	6288	−7	27.00
8	6287	6290	6251	6260	−27	15.00
9	6256	6314	6251	6266	10	24.20
10	6249	66281	6158	6168	−81	−9.20
11	6166	6173	6066	6071	−95	−40.00
12	6071	6105	6038	6055	−16	−41.80

表 4.2　使用德国马克数据对 IMI 的样本计算

开盘价（O）	收盘价（C）	上涨日（C-O）	下跌日（C-O）	上涨日 5 天和（E）	下跌日 5 天和（F）	上涨日和下跌日 5 天总和（G）	IMI = 100E/G
6063	6153	90	0				
6151	6163	12	0				
6152	6185	33	0				
6185	6149	0	36				
6155	6241	86	0	221	36	257	85.99
6241	6300	59	0	190	36	226	84.07
6295	6288	0	7	178	43	221	80.54
6287	6260	0	27	145	70	215	67.44
6256	6266	10	0	155	34	189	82.01
6249	6168	0	81	69	115	184	37.50
6166	6071	0	95	10	210	220	4.55
6071	6055	0	16	10	219	229	4.37

计算 IMI

来看看使用德国马克市场数据（见表 4.2）如何计算 IMI。首先将（C-O）差值的日数据分成上涨天数据与下跌天数据。在上涨天，市场收盘价高于开盘价；在下跌天，市场收盘价低于开盘价；将上涨天的 5 日数据相加（见 E 列），并将下跌天的 5 日数据也相加（见 F 列）得到日内动量，然后再把这些动量汇总（见 G 列）。IMI 就是 E 与 G 的简单之比。

第5章　新动量摆动指标

大批技术指标都属于动量摆动指标的总范畴，它们以固定的时间周期和固定的比例乘数显示市场动量。在第一章里，我们检验了许多这样的指标，诸如相对强弱指数（RSI）、随机指标（KD），以及顺势指标（CCI），等等。这些指标的不同之处在于它们的定义、平滑方式和比例乘数有所不同罢了。

无论它们之间有何不同，这些摆动指标具有以下共同的局限性：

它们中没有一个是直接测量动量的"纯"动量摆动指标。

它们的计算周期被固定，对不同时期的市场行为有不同的图景。

*它们都只是映射价格形态，因此，直接采用价格本身进行交易也许能获得更多的收益。

*它们并不能总是显示价格极端状态，这是因为它们使用的是固定的时间计算周期。

*平滑机制导致它们具有滞后效应，掩盖了交易上颇具价值的价格短期极端状态。

本章介绍了一组震荡指标，以解决和改善 RSI 及其他广泛使用的动量摆动指标的缺陷。

钱德动量摆动指标

价格演变最有力的推手之一就是动量，它被定义为当天收盘价与之前的某一天收盘价之差。前面章节中曾经介绍过的钱德动量摆动指标（CMO），是一个在有边界的区间内绘制动量线的纯动量摆动指标。它有助于发现市场动量的极端状态，你会发现它在技术分析中有很多用处。CMO 是 RSI 的变体，但两者在以下方面有所不同：

1. CMO 直接测量市场动量，因为它在其分子上使用上涨日和下跌日的数据，而 RSI 只是在其分子上使用上涨日的数据。

2. CMO 没有在计算中使用内置平滑，因此也不会掩盖动量的短期极端状态。计算采用未经平滑处理的数据完成。一旦完成计算，CMO 值就可以像任何其他指标那样被平滑处理。而 RSI 经过了内置平滑处理（计算是用经过平滑处理的数据完成的），这对其值有很大的影响。

3. CMO 值的变化范围从 -100 到 $+100$，所以，在定好边界的区间内能一眼就发现市场净动量。而 RSI 的变化范围是从 0 到 100，必须使用 50 数轴来评估市场净动量。

在以下定义中，可以更清楚地看到 CMO 与 RSI 之间的差异：

钱德动量摆动指标 $= 100 \, (S_u - S_d) \, / \, (S_u + S_d)$

未平滑 RSI $= 100 \, [\, S_u / \, (S_u + S_d) \,]$ (5.1)

式中：S_u 是 x 天内上涨天数动量的总和，而 S_d 是 x 天内下跌天数动量的总和（想详细了解这些变量请参阅 RSI 教程）。在 CMO 计算公式的分子上，有上涨天数动量与下跌天数动量之差这一项，分子实际上就是 x 天的动量，因为 S_u 和 S_d 在用于 CMO 计算前未经平滑处理。公式分母给出了该指标的边界范围。因此，CMO 是一个净动量摆动指标。

而在 RSI 的计算式中，S_u 和 S_d 在用于计算当天 RSI 值时进行了平滑处理。这种内置平滑机制对 RSI 的实际值有很大的影响，因为它往往掩盖了动量的短暂极端状态。这是 CMO 与 RSI 之间的一个重大差异。以下将使用美国长期国债数据或 S&P500 指数数据计算 CMO 和 RSI 的案例来阐述上述观点。

CMO 计算：采用美国长期国债数据

我们先从使用美国长期国债 1993 年 6 月期货合约数据，计算上涨天的日动量和下跌天的日动量开始；然后计算 10 天中上涨天数动量之和（S_u）和下跌天数动量之和（S_d）；再用公式 5.1 计算 10 日 CMO。使用表 5.1 中数据计算得到的首批两个数值如下：

$$CMO_1 = 100\ (2.0937-0.375)\ /\ (2.0937+0.375) = 69.62,$$

$$CMO_2 = 100\ (2.25-0.375)\ /\ (2.25+0.375) = 71.43 \qquad (5.2)$$

注脚 1 和注脚 2 表示第一天和第二天。注意，我们并没有平滑 S_u 和 S_d，选择的是用未进行平滑处理的动量总和来计算 CMO。随后，可采用简单移动平均线或指数移动平均线来平滑 CMO。

表 5.1　使用美国长期国债 1993 年 6 月合约数据计算 10 日 CMO

收盘价	上涨日动量	下跌日动量	S_u 10 日内上涨日动量总和	S_d 10 日内下跌日动量总和	10 日 CMO
101.0313					
101.0313	0	0			
101.1250	0.0937	0			
101.9687	0.8437	0			
102.7813	0.8126	0			

103.0000	0.2187	0			
102.9687	0	0.0313			
103.0625	0.0938	0			
102.9375	0	0.1250			
102.7188	0	0.2187			
102.7500	0.0312	0	2.0937	0.375	69.62
102.9063	0.1563	0	2.2500	0.375	71.43
102.9687	0.0624	0	2.2187	0.375	71.08

使 CMO 更形象化的一个好办法是，用相对动量和绝对动量来重新定义它。相对动量是带有符号的每日动量，是当日收盘价与昨日收盘价之差：

CMO＝100×动量/｜动量｜   (5.3)

CMO 显示的仅仅是净动量，是期望周期内绝对动量变化的一部分，这是将 CMO 称为纯动量摆动指标的另一个原因。如果市场在数天内上涨或下跌，CMO 将为正值或负值；那么，一眼就能辨别出市场走势是否是单边行情。这是一个有用的特性，因为这也是一种测量价格趋势性的方法。一个趋势强劲的市场有很高的 CMO 值。我们采用的是收盘价来定义 CMO，但你也可以用每日最高价、最低价或开盘价来计算 CMO。

计算 RSI：用 S&P500 指数

以下演示 14 日 RSI 的计算过程，来说明平滑方法对指标值的影响。计算使用的数据是表 5.2 的 S&P500 指数日收盘价数据。图 5.1 显示的也是 S&P500 指数日收盘价走势，并采用了表 5.2 的部分数据。注意该指数收盘价的特殊形态，尤其是收盘价之间的顺序和相对位置，因为我们稍后会提到它们。

表 5.2　S&P500 指数的 RSI 计算

日期	S&P500 收盘价	上涨日 动量	下跌日 动量	14日内 上涨日 动量总和	14日内 下跌日 动量总和	平滑 RSI	未平滑 RSI
93.1.4	435.380						
93.1.5	434.340	0.00	1.04				
93.1.6	434.520	0.18	0.00				
93.1.7	430.730	0.00	3.79				
93.1.8	429.050	0.00	1.68				
93.1.11	430.950	1.90	0.00				
93.1.12	431.040	0.09	0.00				
93.1.13	433.030	1.99	0.00				
93.1.14	435.940	2.91	0.00				
93.1.15	437.150	1.21	0.00				
93.1.18	436.840	0.00	0.31				
93.1.19	435.130	0.00	1.71				
93.1.20	433.370	0.00	1.76				
93.1.21	435.490	2.12	0.00				
93.1.22	436.110	0.62	0.00	0.79	0.74	51.71	51.71
93.1.25	440.010	3.90	0.00	1.01	0.68	59.66	61.73
93.1.26	439.950	0.00	0.06	0.94	0.64	59.50	61.29
93.1.27	438.110	0.00	1.84	0.87	0.72	54.60	66.70
93.1.28	438.660	0.55	0.00	0.85	0.67	55.77	72.91
93.1.29	438.780	0.12	0.00	0.80	0.62	56.04	70.40
93.2.1	442.520	3.74	0.00	1.01	0.58	63.44	75.13
93.2.2	442.550	0.03	0.00	0.94	0.54	63.50	72.80
93.2.3	447.200	4.65	0.00	1.20	0.50	70.62	74.89
93.2.4	449.560	2.36	0.00	1.28	0.46	73.46	76.10
93.2.5	448.930	0.00	0.63	1.19	0.48	71.48	75.09

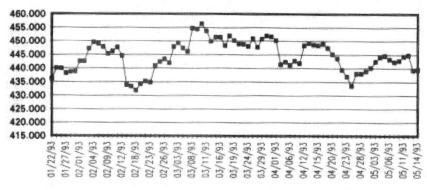

图 5.1　S&P500 指数日收盘价

表 5.2 列出了上涨天的动量和下跌天的动量。如果当天收盘价低于昨日收盘价，则上涨天的动量为 0；否则，该动量等于两收盘价的绝对值差。

如果当天收盘价高于昨日收盘价，则下跌天的动量为 0；否则，该动量等于两收盘价的绝对值差。

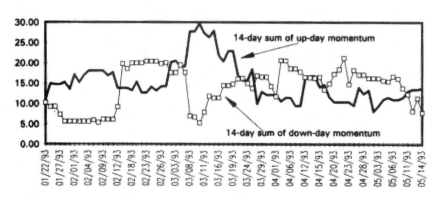

图 5.2　图 5.1 所示 S&P500 指数的 14 日上涨天数动量总和
和下跌天数动量总和曲线

后续两列是 14 日中上涨天数动量总和（S_u）和下跌天数动量总和（S_d）。图 5.2 显示的是未平滑处理的 14 日上涨天数动量总和与下跌天数动量总和的曲线。注意这些曲线也显示出了价格的极端情况。当 14 日净动量±符号发生变化时，上述两条动量线相互交叉。当 14 日净动量为正值时，代表上涨天动量总和的 (S_u) 线位于代表下跌天动量线 (S_d) 的上方；当 14 日净动量为负值时，情况正好相反。由于公式中分子为 S_u-S_d 的差值，因此 CMO 能精确地显示这种关系。

而对于 RSI 的计算，正如威尔斯·威尔德曾在其著作《技术交易系统新概念》中描述的那样，从第二天的数据开始，就对 S_u 和 S_d 数据进行平滑处理。这种平滑处理将新数据值的 1/4 添加到上述变量的 14 日中的第 13 日的数值里，相当于添加了一个 27 日的指数移动平均数值。

我们使用平滑处理的 S_u 和 S_d 值计算 RSI，使用未平滑处理的 S_u 和 S_d 值计算 CMO。这是 RSI 与 CMO 的关键区别。两者另一个重大区别在于公式中的分子项。RSI 分子项使用的仅仅是上涨天数动量总和 S_u，而 CMO 分子项使用的是 x 天净动量，由 (S_u-S_d) 得到。例如，1993 年 1 月 25 日，S_u 和 S_d 的平滑值计算如下（见表 5.2）：

$$S_u = （0.79×13+3.90）/14 = 1.0121,$$
$$S_d = （0.74×13+0）/14 = 0.6871, \tag{5.4}$$
$$RSI = 100× [1.0121/（1.0121+0.6871）] = 59.56$$

表 5.2 中，1993 年 1 月 25 日的 RSI 值是 59.66，与我们的样本 RSI 值 59.56 有差异是由于对数字四舍五入的缘故。

图 5.3 显示了 14 日平滑 RSI 和 14 日未平滑 RSI（RSI^*）图线。注意 RSI 看上去与 S&P500 指数的价格变化（价格形态）很相似。RSI^* 显然不同于 RSI，它看上去更像动量线，正如将会在下面看到的那样。注意 RSI^* 值在 3 月份高于 80，尽管同期 RSI 勉强达到了 70。根据这两个指标所做出的交易决策将大为不同，

这突出了平滑与否在指标设计中的重要性。

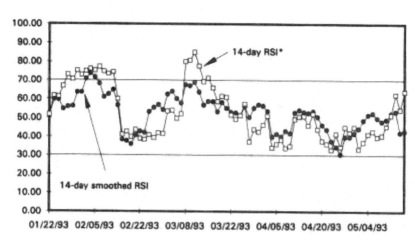

图 5.3　采用图 5.1 中 S&P500 指数数据计算得到的 14 日平滑 RSI 和未平滑 RSI 的比较

图 5.4 显示了 14 日未平滑 CMO 和 14 日平滑 RSI 的图线，注意这两条曲线在外表上有显著差异，虽然 CMO 与 RSI^* 有关联，因为 $CMO = 2 \times RSI^* - 100$。通过比较图 5.4 中 CMO 与图 5.3 中 RSI^* 的图线外观，可以清楚地看到两者的相似性。

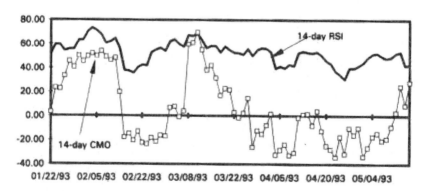

图 5.4　14 日平滑 RSI 和 14 日 CMO 曲线的对比

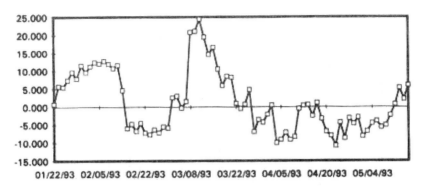

图 5.5　采用图 5.1 中 S&P500 指数数据计算得到的 14 日动量线

　　图 5.5 画出了 S&P500 指数在与图 5.3 和图 5.4 相同时段期间的 14 日动量线。动量线图形与未平滑 CMO 线图线完全相同（除了比例乘数不同）。然而根据定义，动量计算公式（$C_0 - C_x$）不存在边界，因此无法轻易地将动量线转换为有上下边界的震荡指标。但这却是 CMO 在定义上的优点。图 5.4 显示，未平滑 CMO 是一个"纯"动量摆动指标，其绘制的动量线位于边界+100 到边界−100（或从+1 到−1）之间的区域内。

　　接下来，将演示改变平滑时间周期后，对 RSI 值的影响。图 5.6 比较了对 RSI 进行 9 日指数平滑与传统的 27 日指数平滑的效果。采用 70 和 30 作为超买和超卖条件的参考阈值，轻度平滑的 RSI 要比重度平滑的 RSI 更频繁地到达极值。例如，9 日平滑 RSI 在 1 月出现超买，并在 4 月出现严重超卖；而 27 日平滑 RSI 在同一时期几乎没有到达过 70 和 30。因此，对 RSI 表现结果的阐释将会随着平滑周期的变化而显著不同。而由于 CMO 没有任何内置平滑机制，它可能会显现出 RSI 也许无法显现的超买超卖极值情况。

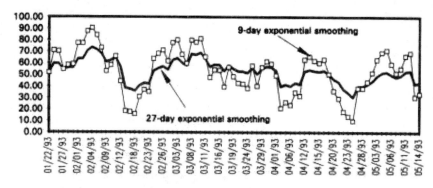

图 5.6　常用的 27 日指数平滑 RSI 线与短期 9 日指数平滑 RSI 线

我们将给你看一些实际数字，以揭示平滑处理对 RSI 值所造成的差异。表 5.3 列出了采用 9 日指数移动平均线值（指数 = 0.20）计算平滑 RSI 的细节。在此例中，来看看 1993 年 1 月 25 日的计算过程：

$S_u = 0.2 \times 3.9 + 0.8 \times 0.79 = 1.412 = 1.41$，

$S_d = 0.2 \times 0 + 0.8 \times 0.74 = 0.592 = 0.59$，　　　　　　　（5.5）

$RSI = 100 \times [1.41 / (1.41 + 0.59)] = 70.50$

与表 5.3 中 RSI 值 70.57 有差异的原因是由于四舍五入到小数点后两位的缘故。未平滑 RSI^* 值是 61.73，如表 5.2 所示。采用 27 日指数平滑的 RSI 值是 59.66，该平滑常常掩盖了短暂的市场极端情况，这意味着在操作上可能存在以下差异：是平掉所持有的头寸还是继续持有该头寸；平掉头寸可以获得小利，否则甚至会有可能出现亏损。

表 5.3　用 9 日指数移动平均线平滑 RSI 的计算

日期	S&P500 收盘价	上涨日动量	下跌日动量	平滑 S_u	平滑 S_d	平滑 RSI
93.1.4	435.380					

93.1.5	434.340	0.00	1.04			
93.1.6	434.520	0.18	0.00			
93.1.7	430.730	0.00	3.79			
93.1.8	429.050	0.00	1.68			
93.1.11	430.950	1.90	0.00			
93.1.12	431.040	0.09	0.00			
93.1.13	433.030	1.99	0.00			
93.1.14	435.940	2.91	0.00			
93.1.15	437.150	1.21	0.00			
93.1.18	436.840	0.00	0.31			
93.1.19	435.130	0.00	1.71			
93.1.20	433.370	0.00	1.76			
93.1.21	435.490	2.12	0.00			
93.1.22	436.110	0.62	0.00	0.79	0.74	51.71
93.1.25	440.010	3.90	0.00	1.41	0.59	70.57
93.1.26	439.950	0.00	0.06	1.13	0.48	70.04
93.1.27	438.110	0.00	1.84	0.90	0.75	54.48
93.1.28	438.660	0.55	0.00	0.83	0.60	57.97
93.1.29	438.780	0.12	0.00	0.69	0.48	58.83
93.2.1	442.520	3.74	0.00	1.30	0.39	77.10
93.2.2	442.550	0.03	0.00	1.05	0.31	77.20

由于 CMO 计算中没有内置平滑机制，因此在计算 CMO 时，可以通过增加天数来获得更平滑一点的 CMO。例如，假设选择了一个 14 日的时间周期，那将获得比 9 日时间周期更平滑一点的 CMO 曲线。图 5.7 画出了 S&P500 指数 9 日 CMO 和 14 日 CMO 曲线以展示这种想法。那么，在图 5.8 中，当 9 日 CMO 位于 S&P500 指数日收盘价上方时，可以看到它比 14 日 CMO 的波动性大得多。9 日 CMO 通过向上突破 0.70 或向下跌破 −0.70，明显表现出了指数价格的极端情况。而图 5.7 中的 14 日 CMO 没有明

显地显示出价格极端状态。因此，可以在 S&P500 指数的短线交易中使用 9 日 CMO。

CMO 作为趋势强度的测量工具

CMO 的一个有用特性是它可以作为一种测量趋势强度的工具。而对各种趋势强度的度量非常重要，因为当测量确定市场存在趋势时，可以进行顺势交易。我们在第 2 章线性回归分析中已经讨论了趋势强度的某些细节问题。以下将使用一种趋势强度的测量工具——十字过滤线指标（VHF），它来自测试 CMO 的那一章节。

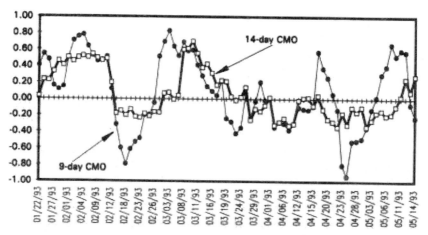

图 5.7　使用短期（9 日）或长期（14 日）周期计算的 CMO 对比图

首先，比较 VHF 与 CMO 的定义，以指出它们之间的某些相似性。在下列 VHF 的定义式中，R 是 x 天的范围值，R = H−L，H 是 x 天内的最高价，L 是 x 天内的最低价。P_n 是 x 天内当日收盘价对昨日收盘价变化（动量）的绝对值的总和。现在定义 VHF 如下：

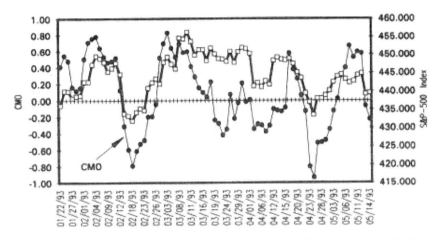

图 5.8　叠加在 S&P500 指数日收盘价上的 9 日 CMO 曲线

$$VHF = R/P_n \tag{5.6}$$

在计算 CMO 和 RSI 时，把日与日之间的收盘价变化分为上涨天的收盘价变化和下跌天的收盘价变化；把 x 天内的这些变化相加后可得到 $(S_u + S_d)$；将会发现 P_n 在本质上与 $(S_u + S_d)$ 是相等的。

在关键转折点处的收盘价离整段行情的最高点或最低点都不远。因此，作为一个好的近似方法，可以用 $|(C_0 + C_x)|$ 差的绝对值，即 x 天内的收盘价动量来取代时间范围值 R。当市场出现上下波动时，当天收盘价可能处于极端值，而 x 天之前的收盘价处于另一个极端值，那么收盘价动量是非常接近实际范围的。

实际上，CMO 的绝对值大体上与 VHF 值相似，应该是一个好的趋势强度指标。它们的分母在本质上是相同的，分子在关键转折点处也相互趋于收敛。在对线性回归分析进行讨论时已经证实了这一点，当时发现平滑 VHF、r^2 和 CMO 绝对值（absCMO）都是非常优异的趋势强度指标。

图 5.9 将 14 日 VHF 线与 14 日未平滑 CMO 绝对值线进行了

比较。计算采用的还是先前使用过的 S&P500 指数数据。由于 VHF 只有正值，所以我们使用 CMO 的绝对值（absCMO）。注意 在 3 月初的一个关键转折点处，absCMO 和 VHF 是如何收敛到一 起的。由于 CMO 公式中分子使用的是动量而不是时间范围值， 所以 absCMO 与 VHF 存在差异。

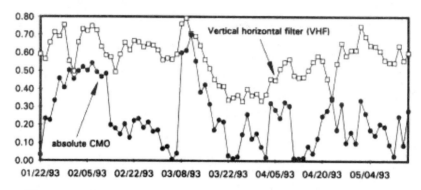

图 5.9　采用 S&P500 指数数据计算的 14 日 VHF 与 14 日 CMO 绝对值线的比较

在市场进入"拥堵期"，即价格波动范围很窄时，VHF 下 跌。VHF 公式中的分母是一个参考的比例乘数；而分子，即时间 范围值，决定了 VHF 的值。由于日与日收盘价之间的微小上涨 变动，也可能会使得价格区间在动量未上升的情况下变宽。VHF 能显示 absCMO 显示不了的趋势，因此可以说，absCMO 是基于 收盘价的趋势强度测量指标。

图 5.10 强化了用绝对动量显示的趋势强度。该图使用了通 用电气公司的周价格数据。图中绘制出了 10 周绝对动量线及其 5 周简单移动平均线。注意当价格在交易期间快速上涨或下跌时， 绝对动量是增加的。同样要注意，在整个 1992 年交易期间，动 量线非常平坦。每次动量峰值之所以不同是由于其比例乘数不是

固定的。

简而言之，绝对动量，也就是 absCMO，如同 VHF 一样可用于测量趋势强度。当这些指标显示趋势存在时，可以树立更大的成功自信来建立顺势交易的头寸。

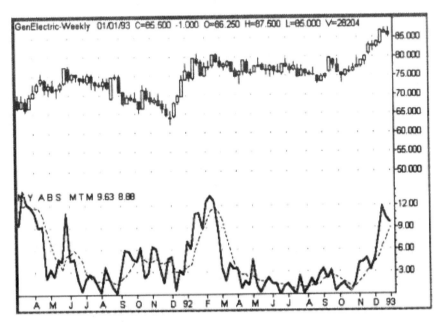

图 5.10　采用通用电气公司股票周数据计算的 14 日绝对动量线

CMO 的有用特性

用 CMO 测量动量这一方法的美妙之处在于它将动量转换成了一个摆动指标，使你可以在一个固定的范围区间内画出指标曲线。通过使用 absCMO，得到 0 到 100 区间内画出的绝对动量线，就可以用同一把尺度来衡量不同的市场波动行为。

也可以用 CMO 将超买和超卖水平定在 +50 和 -50 处，此时 S_u 与 S_d 的比值为 3：1 或 1：3。通过简单置换，可以发现 3：1 的比例对于 +50 值，意味着上涨天动量是下跌天动量的 3 倍，这种情况很少发生。反之亦然，如果上涨天动量仅为下跌天动量的1/3，那么该摆动指标值为−50。

CMO 的另一个常用特性是它带有正负号。因此，可用于判断市场的"净"行为是下跌还是上涨。图 5.11 对 14 日 RSI 与 14日 CMO 线进行了直接对比，用的是小麦 1993 年 9 月期货合约数据。CMO（图中上方指标）的超买超卖参照水准是+60 到−60，对应 RSI 值为 80 到 20。注意，1 月中旬到 3 月这段时间，价格处于趋势下跌，CMO 一直处于负值区域。随后在 6 月份，当市场再创新低时，CMO 与价格之间出现了背离，这是 7 月份市场反弹的先兆。而在此期间，当期货合约价格创出新低时，RSI 却既没有显示出任何显著的市场极端情况，也没有显示出与价格的显著背离。

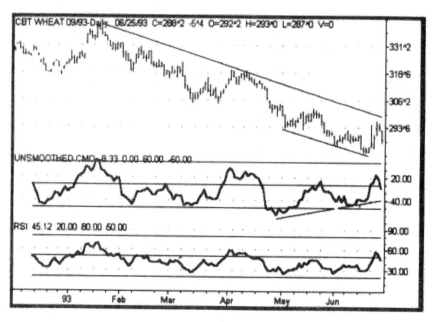

图 5.11　采用 CBT 小麦 1993 年 9 月期货合约数据的 14 日
未平滑 CMO 与 RSI 的比较

除 RSI 外，还可以将 CMO 与其他指标进行比较，以发现其新用途。例如，CMO 很像真实强弱指数（TSI）和平均趋向指数（ADX），但正如你所看到的那样，CMO 提供了额外的信息。由William Blau 描述过的 TSI 指标，使用了双重平滑指数平均线值来表示相对和绝对动量。因此，其值与 CMO 值明显不同，并对价格变化显示出更大的敏感性。另一方面，由于指数平滑的缘故，TSI 很少能接近−100 和+100 的极值。因此，CMO 可以更容易出现极值。选用 CMO 还是 TSI 将取决于交易期望值以及对指标敏感性的偏好。

在图 5.12 中，可以看到平滑 CMO 的平均绝对值紧贴着方向性运动系统 ADX 指标。ADX 是一条细线，CMO 绝对值平均线是一条粗线。我们使用美国长期国债 1993 年 9 月期货合约数据，来展现 14 日 ADX 线和 14 日 CMO 绝对值平均线的相似性。当市场存在趋势时，这些指标值上升；而当市场盘整时，这些指标值下降。本案例中，这两个指标都是测量趋势强度的指标，但 absCMO 要比 ADX 更敏感。

ADX 是一个广受欢迎的测量市场趋势强度的指标。许多交易者使用它来验证趋势是正在进行中还是即将结束。如果你使用的是 CMO 和它的绝对值，则只需要使用这么一个单独指标就能完成许多工作。

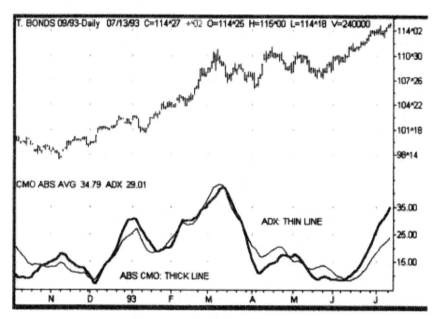

图 5.12　美国国债 1993 年 9 月期货合约的 CMO 绝对值线
与 14 日 ADX 线

基于波动率的 CMO 组合

在前面的 CMO 计算中，使用了固定的时间段，但可以通过组合数个不同时间段的 CMO 来定义一个独自的 CMO 组合，以克服固定时段的局限性。一种方法是将不同时间段的 CMO 值进行简单平均计算，而不改变它们的相对权重。或者，也可以用波动率作为权重来获得一个真正对市场具有敏感性的 CMO 组合。以下将使用美国长期国债 1993 年 6 月期货合约数据（见图 5.13 的日收盘价数据）来阐述这些方法。

像往常一样，用 5、10 和 20 日时间段计算 CMO。我们任意选择这些通用的整数为时间段。你可以在图 5.14 中看到所有这三种 CMO 线。5 日 CMO 线波动性最大，很容易达到+1 和−1 值，这种情况发生在连续 5 天上涨或连续 5 天下跌时。20 日 CMO 是最平滑的曲线，显示其波动性最差。10 日 CMO 线的波动性介于 5 日 CMO 与 20 日 CMO 波动性之间。

图 5.13 美国长期国债 1993 年 6 月期货合约日收盘价

不同的时间段更适合满足不同类型交易者的需求。5 日 CMO 和它的波动性也许适合某一短期交易者，而 10 日 CMO 和 20 日 CMO 波动率也许适合某位中期交易者。当时间周期增大，信号变化的频率就会下降。这恰恰意味着当计算的时间周期增大时，对数据的平滑更甚。

通过计算 CMO_A 的平均值，可以获得一个比 20 日 CMO 更敏感的替代指标。它是上述三个 CMO 值的简单算数平均值，并画在图 5.15 中。用 CMO_5、CMO_{10} 和 CMO_{20} 分别代表 5 日、10 日和 20 日 CMO 值，则有以下结果：

$$CMO_A = [（CMO_5+CMO_{10}+CMO_{20}）/3] \qquad (5.7)$$

式中的每一项与其他项一样，数据都具有相同权重（1/3 权重）。

这个 CMO_A 值在不同的时间段内提供了 CMO 组合图形。也

可以根据自己的意愿将其他时间段的 CMO 组合在一起。当 CMO
转为正值则买进，转为负值则卖出。该策略在具有像美国长期国
债这样趋势性的市场中运用良好。

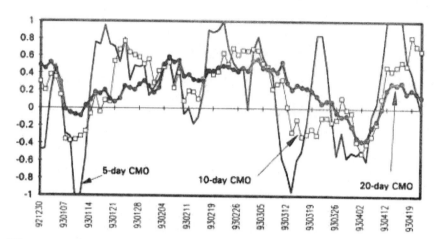

图 5.14　采用图 5.13 的美国长期国债数据和三种不同时间段：
5 日、10 日和 20 日分别计算的钱德动量摆动指标

图 5.15　图 5.14 中所示的三种时间段 CMO 的平均值

要想获得对市场行为更为敏感的 CMO 组合，观察图 5.16 中

采用基于波动率为权重的 CMO 图形。首先，找出 5 日、10 日和 20 日 CMO 的 5 天标准偏差，分别记为 S_1、S_2 和 S_3。然后，将它们作为权重，定义以波动率为权重的 CMO_V 如下：

$$CMO_V = (S_1 \times CMO_5 + S_2 \times CMO_{10} + S_3 \times CMO_{20}) / (S_1 + S_2 + S_3)$$

$$(5.8)$$

以波动率为权重的 CMO_V 要比 CMO_A 对市场更敏感。而且，当市场快速运动时，CMO_V 领先 CMO_A 出现关键交叉点。它也比 CMO_A 到达更高或更低的极值点；当 CMO_V 比 CMO_A 达到一个更加极值的点位时，市场可能即将逆转。CMO_V 是一种包含了多个时间段和市场波动率的分析市场动量的方法。

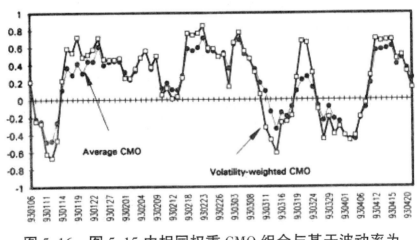

图 5.16　图 5.15 中相同权重 CMO 组合与基于波动率为权重的 CMO 组合的比较

带有移动平均线的交易型 CMO

为了产生交易信号，可以使用带有自身简单移动平均线（SMA）的 CMO（图 5.17 显示 10 日 CMO 及其 10 日 SMA）。该方法允许在 CMO 与 0 轴交叉之前就能开始交易。但要注意的是，它有时信号给出的较早。当 CMO 上穿其移动平均线时可以买进，当 CMO 下穿其移动平均线时可以卖出。该方法在 1993 年 1 月市场出现反弹时给出一个很好的进场点。然而，在 2 月初的卖出信号有些为时过早；市场进入盘整并失去了一定的上涨动量。动量的损耗促使 CMO 低于其移动平均线，引发了卖出信号。经过漫长的等待，11 天后，采用同样的方法使你重返市场，但你可能已经错失了从 106 上涨到 108 这波行情中的部分行情。

图 5.17　采用图 5.13 美国长期国债数据计算的 10 日 CMO
及其 10 日简单移动平均线

过滤来自 CMO 的交易噪声

到目前为止，即使市场出现很小的波动，都能采用 CMO 来测量其日动量的变化。因此，一些日常交易"噪声"也会潜入该指标。通过过滤 CMO 以忽略日常动量的微小变化，就能更好地将注意力集中在抓大行情上。

过滤噪声的方法之一，是仅当日收盘价之间的差值超过某个阈值时，才在 CMO 的计算中使用该差值。以美国长期国债市场最为活跃的期货合约为例，假设某个日与日之间的收盘价差为 2 跳（2/32＝0.0625）或不到 2 跳，信号显示市场没变化。那么，如果市场变化"小"，我们可以将其日动量（无论是上涨日还是下跌日）设为 0。用以下等式表示来这种差值：

$$动量（上涨）＝C_0-C_1，\quad 如果 C_0-C_1（未过滤）$$
$$＝0 \qquad 如果 C_0<C_1，\tag{5.8}$$
$$动量（上涨，过滤）＝C_0-C_1，如果（C_0-C_1）>x（经过滤）$$
$$＝0 \qquad 如果（C_0-C_1）<=x$$

可以写出下跌天动量的类似等式，并任意选择 x。或者，使用 100 天的数据来求得上涨天数和下跌天数日动量变化的平均值。如果得到这 100 天内的动量日变化的标准偏差，就可以用平均变化值加上一个标准偏差作为以上过滤器公式中 x 的值。这种方法可以忽略一些看似大的值。

在图 5.18 中看到的是使用过滤和未使用过滤法计算的 CMO，所用数据与图 5.13 之至图 5.17 的数据相同。采用日动量变化 100 天的数据，以及将其平均变化值加上一个标准偏差来计算过滤阈值后，得到用于上涨天数动量的过滤阈值是 20/32，用于下跌天数动量的过滤阈值是 14/32。这意味着，如果上涨天数动量日变化低于或等于 20/32，则当天的上涨动量被设定为 0。同样，如果下跌天数动量日变化低于或等于 14/32，则当天下跌带来的动量被设定为 0。日动量等式如下：

上涨天动量＝是否是 $[（C_0-C_1）>20/32，（C_0-C_1），0]$ 之一，

下跌天动量＝是否是 $[（C_0-C_1）>14/32，（C_0-C_1），0]$ 之一。

$$\tag{5.9}$$

式中：C_0 是当日收盘价，C_1 是昨日收盘价。

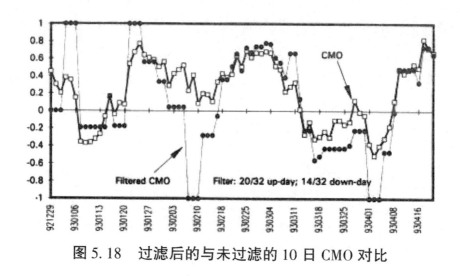

图 5.18　过滤后的与未过滤的 10 日 CMO 对比

注意在图 5.18 中识别过滤后的 CMO，靠的是市场中两个关键的超买数值和两个关键的超卖条件。你可以看到，当市场出现重大或显著行情时，两个 CMO 的计算值会相互收敛。当市场在一个窄小的价格区间小幅波动时，过滤后的 CMO 变得较为平坦，而使用未过滤的 CMO 也能得到市场行为较为清晰的图像。

0 轴与两种类型 CMO 的交叉很重要。由过滤的 CMO 提供的市场极端状态的早期预警信号对某些交易者来说很有用。我们已经在下面设置了用于中期交易的过滤阈值，不过，你也可以尝试使用不同的过滤阈值。

我们将使用表 5.4 的数据来阐述过滤 CMO 的计算。我们对美国长期国债合约上涨天和下跌天动量的过滤阈值均设为 5/32 点。表第 2 列和第 3 列，显示的是上涨天和下跌天日动量的计算值。如果当天收盘价高于昨日收盘价，则上涨天动量是两收盘价之差；如果当天收盘价低于昨日收盘价，则上涨天动量为 0。同样的逻辑方法用于下跌天日动量的计算。

表 5.4　过滤后的 10 日 CMO 计算

收盘价	上涨日动量	下跌日动量	过滤后的上涨日动量（5/32）	过滤后的下跌日动量（5/32）	过滤后的10 日 CMO	常规10 日 CMO
101.03						
101.03	0	0	0	0		
101.13	0.0937	0	0	0		
101.97	0.8437	0	0.8437	0		
102.78	0.8126	0	0.8126	0		
103.00	0.2187	0	0.2187	0		
102.97	0	0.0313	0	0		
103.06	0.0938	0	0	0		
102.94	0	0.125	0	0		
102.72	0	0.2187	0	0.2187		
102.75	0	0	0	0	0.79	0.69
102.91	0.1563	0	0.1563	0	0.81	0.71
102.97	0.0624	0	0	0	0.81	0.71
103.13	0.1563	0	0.1563	0	0.72	0.60
103.72	0.5938	0	0.5938	0	0.67	0.55
104.22	0.5	0	0.5	0	0.73	0.61

在表第 4 和第 5 列中，对日动量计算增加了一道过滤。如果当日收盘价比昨日收盘价大 5/32 或更多，则上涨天的动量是两者收盘价之差；如果当日收盘价比昨日收盘价高不到 5/32 点，那么设当日的上涨天动量为 0。我们假设，如果小于 5/32，那么动量变化值是不显著的。同前面一样，如果当日收盘价小于昨日收盘价，则当日的上涨天动量也是 0。

例如，表中第三个交易日，上涨天动量是 0.09375 或 3/32。由于它小于 5/32，我们设过滤后的上涨天动量等于 0。此处，我们将债券市场向上三跳的收盘价处理成"无变化"，作为交易的基础。同样的逻辑方法应用在下跌日动量的计算中。上涨日动量与下跌日动量的过滤阈值可以是不同的，并且可基于市场波动率来设置。过滤处理是在日动量计算中减少交易噪声的一种方法。

CMO 总结

正如你所见，CMO 是一个灵活多变的动量震荡指标，可适应各种各样的交易风格。总之，可以：

- 使用 CMO 作为判断超卖超卖的条件。
- 使用 CMO 作为判定趋势强度的指标。
- 将 CMO 与移动平均线组合以产生交易信号。
- 使用不同程度的平滑 CMO 用于交易。
- 将不同时间段的 CMO 值计算组合成一个 CMO 组合。
- 过滤 CMO 以忽略市场动量值的微小变化。

简而言之，CMO 是一个可以做很多工作的指标。

教程：定义 RSI

在技术分析中，把动量定义为两个价格之差。这两个价格的时间段可以是不同的，他们可以相差一段时间，这个时间间隔可以是从数分钟到数月的任何时间段。最常见的，是用一个交易日作为时间单位。采用日收盘价定义的动量式如下：

$$动量 = C（当日）- C（昨日）\qquad (5.10)$$

由于当日收盘价可能位于昨日收盘价之上或之下，因此动量可以是正值或负值，称之为"相对动量"。我们可以定义"绝对动量"，即忽略日动量的符号，公式如下：

$$|动量| = |C（当日）- C（昨日）|\qquad (5.11)$$

绝对动量的值永远为正，而相对动量的值可以为正或为负，以下来做个小练习。使用 1991 年 11 月 29 日至 12 月 15 日 S&P500 指数 5 个交易日的价格，现在，让我们计算一下日相对动量和日绝对动量，计算结果见表 5.5。

表 5.5　相对动量与绝对动量

日期	S&P500	相对动量	绝对动量
1991. 11. 29	375. 22		
1991. 12. 02	381. 40	6. 18	6. 18
1991. 12. 03	380. 96	−0. 44	0. 44
1991. 12. 04	380. 07	−0. 89	0. 89
1991. 12. 05	377. 39	−2. 68	2. 68
总计	2. 17	2. 17	10. 19

相对动量＝当日收盘价−昨日收盘价

绝对动量＝│当日收盘价−昨日收盘价│

4 日动量＝377. 39−375. 22＝2. 17

注意，整个 4 天的相对动量总和等于这 4 天的动量值。之所以如此，是因为中间项在相加时相互抵消了。在下面等式中，脚注数字指的是从当天（0）开始的天数：

$$(C_0-C_4)=(C_0-C_1)+(C_1-C_2)+(C_2-C_3)+(C_3-C_4)$$

可以用一种改进模式来继续这个练习，将日动量分为市场收盘价上涨日或下跌日的动量。这样每天的动量值都是正的：在上涨日，动量等于当日收盘价减去昨日收盘价；在下跌日，动量等于昨日收盘价减去当日收盘价。

表 5.6　被分为上涨日和下跌日的动量

日期	S&P500	相对动量	绝对动量	上涨天动量	下跌天动量
1991.11.29	375.22				
1991.12.02	381.40	6.18	6.18	6.18	0.00
1991.12.03	380.96	−0.44	0.44	0.00	0.44
1991.12.04	380.07	−0.89	0.89	0.00	0.89
1991.12.05	377.39	−2.68	2.68	0.00	2.68
总计	377.39−375.22 = 2.17	2.17	10.19	6.18 (S_u)	4.01 (S_d)

表 5.6 给出了最终用于定义 RSI 的两个关键结果。整个 4 日的相对动量值为上涨天动量减去下跌天动量之差（2.17 = 6.18 − 4.01）。而且，绝对动量是上涨日动量总和与下跌日动量总和之和（10.19 = 6.18 + 4.01）。在给定的天数里，我们用 S_u 和 S_d 分别表示上涨天动量总和和下跌天动量总和。用以下等式来总结这些结果：

动量 = S_u − S_u,

| 动量 | = | S_u + S_u |　　　　　　　　　　　　　　　　　　(5.12)

我们可以用代数解出这两个方程中的 S_u。只需简单将两个方程相加并归并同类项得到：

S_u = 0.5 ×（动量 + | 动量 |）　　　　　　　　　　　　(5.13)

可以用表 5.6 中的数据验证这个结果 [S_u = 0.5 ×（10.19 + 2.17）= 6.18]。我们将使用这些结果来定义 Wilder 的 RSI（见参考文献）。

计算 RSI

相对强弱指数测量是在给定时期内，由上涨天数动量引起的动量变化与总动量的比值。以下定义可以清楚地反映出来：

$$RSI = 100 \times [RS / (1+RS)] \tag{5.14}$$

式中，RS 是过去 n 天中，上涨天数平均动量与下跌天数平均动量之比。修正后的等式是这样的：

$$RS = A_u / A_d \tag{5.15}$$

由于这两个平均值的总天数是一样的，可以将这两个平均值与一个天数相乘，将平均值转换成上涨天动量总和与下跌天动量总和。因此，可以根据 S_u 和 S_d 重写 RS 方程如下：

$$RS = S_u / S_d \tag{5.16}$$

现在可以使用新的 RS 来重写 RSI 的定义，得到根据上涨天动量和与下跌天动量和来表述的 RSI 定义：

$$RSI = 100 \times (S_u) / (S_u + S_d) \tag{5.17}$$

继续这一调整进程以反映相对动量与绝对动量，即与 S_u 和 S_d 的相互关系。例如，可以使用绝对动量和相对动量来重写 RSI 等式：

$$\begin{aligned} RSI &= 100 \times [0.5 \times (动量 + |动量|)] / (|动量|) \\ &= 50 \times (动量 + |动量|) / (|动量|) \end{aligned} \tag{5.18}$$

再次发现了一个重要的结果，就是 RSI 与相对动量和绝对动量的直接关系。在整个 x 天范围内，RSI 是绝对动量中上涨天数动量的那一部分。因此，x 天的 RSI 就等于 x 天的动量。

在表5.7中，使用上涨天动量和与下跌天动量和进行了 RSI 计算。接下来，将使用相对动量和绝对动量重新计算4天的 RSI，以揭示使用任何一种计算方法都能得到相同值（见表5.8）。现在，我们更容易理解 RSI 试图通过使用相对动量和绝对动量的概念来捕捉什么了。

表 5.7 使用上涨天动量和与下跌天动量和计算 4 日 RSI

日期	S&P500	上涨天动量（S_u）	下跌天动量（S_d）	RSI
1991. 11. 29	375. 22			
1991. 12. 02	381. 40	6. 18	0	
1991. 12. 03	380. 96	0	0. 44	
1991. 12. 04	380. 07	0	0. 89	
1991. 12. 05	377. 39	0	2. 68	
总计		6. 18	4. 01	60. 65

RSI = 100× （6. 18） ／ （6. 18+4. 01） = 60. 64769382

表 5.8 使用相对动量和绝对动量计算 4 日 RSI

日期	S&P500	相对动量	绝对动量	RSI
1991. 11. 29	375. 22			
1991. 12. 02	381. 40	6. 18	6. 18	
1991. 12. 03	380. 96	−0. 44	0. 44	
1991. 12. 04	380. 07	−0. 89	0. 89	
1991. 12. 05	377. 39	−2. 68	2. 68	
总计		2. 17	10. 19	60. 65

RSI = 50× （2. 17+10. 19） ／ （10. 19） = 60. 64769382

相比 Wilder 的原始计算方法，我们更喜欢使用所有可能得到的数据来计算 RSI，并且采用简单移动平均线的方法来平滑它。Wilder 的方法是在计算 RSI 前，有效地使用了 27 日指数移动平均线来平滑日 S_u 和 S_d 值，但这样的平滑常常掩盖了潜在的价格极端情况。它也使得 RSI 在外表上与价格曲线很相似。

随机 RSI 震荡指标

作为一名 RSI 用户，当 RSI 一连好几个月都没能达到极值（高于 80 或低于 20），你可能会感到沮丧。也许对一个趋势持续行情你需要一个进场点，并且正在寻找一个极端的价格，但使用 RSI 却无法发现这样一个进场点。解决这个问题的方法是使用随机 RSI（StochRSI）指标，作为我们一揽子动量指标的第二个指标，我们现在讨论它。

随机 RSI 震荡指标结合了 RSI 和随机指标这两个通常的概念。随机指标用于测量收盘价在最近波段的最高点到最低点的区间内所处位置。类似的，StochRSI 测量的是 RSI 在其震荡区间内的位置，以显示短期动量的极值。它被用于反趋势交易工具或趋势跟踪工具。

StochRSI 对行情的敏感性克服了使用固定天数计算的 RSI 所出现的震荡失效，以及采用内置平滑方法导致传统 RSI 掩盖了价格的短暂极端状态等缺点。映射价格的短暂极端状态能力是 RSI（和动量指标）的主要优点。StochRSI 是一个对超买超卖条件表现更加一致的指标，仅仅是因为只需要测量它在最近的震荡区间范围内的位置。StochRSI 定义如下：

$$StochRSI = (RSI - RSI_L) / (RSI_H - RSI_L) \tag{5.19}$$

式中 RSI_H 和 RSI_L 是 RSI 在所给定的整个历史阶段的最大值和最小值。无论什么时候 RSI 创出新低，StochRSI 都处于 0 点处。在市场下跌时，这是 StochRSI 震荡失败的一个例子。而在市场上涨过程中，RSI 将创出新高（在所计算的时间段内），并且 StochRSI 接近于 1.0。因此，既可以把 StochRSI 作为超买超卖的震荡指标，又可以作为跟踪 RSI 趋势的指标。在 StochRSI 图上，两者差异也很明显。这意味着可以把 RSI 分析中所有元素组合成一个单一的 StochRSI 指标。

为方便对比，我们使用与 RSI 计算相同的天数来计算 StochRSI。但如果你愿意，也可以尝试不同的计算周期。例如，如果计算 14 日 RSI，那么我们将寻找在这 14 天里的 RSI_H 和 RSI_L。StochRSI 值在 +1 到 0 之间变动。当 RSI 处于最大值时，StochRSI 值为+1。相反，当 RSI 处于最小值时，StochRSI 值为 0。如果你愿意，可以将 StochRSI 值乘以 100。同样，请记住，你已经对 RSI 值进行了某些内置平滑处理，平滑结果因计算软件而异。

案例：StochRSI、RSI 和美国长期国债市场

图 5.19 显示了美国长期国债 1993 年 9 月期货合约价格、一条 14 日 RSI 线，以及一条 14 日 StochRSI 线。SuperCharts 绘图软件设置的 RSI 超买超卖条件是 80 和 20。在如图所示长达九个半月的交易时段中，RSI 从未达到超买或超卖条件，有几次它确实接近于达到超买条件。注意 RSI 形态与收盘价形态相似，两者在 1993 年 3 月顶部处出现一个显著的背离：价格创出新高，而 RSI 几乎持平。除此之外，RSI 还与价格走势保持同步。

同样的数据，14 日 StochRSI 对显示市场短期和中期的价格极端情况要远远好于 RSI。StochRSI 值为 0 时提供了极好的上涨行情入场点。在 3 月份顶部时，StochRSI 与价格之间的背离值得关注。在强劲短暂的上涨趋势中，StochRSI 值保持在 1.0，显示价格运行的强劲。注意 4 月份，当 StochRSI 首次跌离其最高点时发出卖出信号。还要注意 1 月、2 月和 3 月份的买进信号，当长期国债市场出现回调或调整时，这些信号在 StochRSI 线中显而易见，但在 RSI 线中却没有明显地显现出来。因此，在本案例中 StochRSI 线的作用更大。

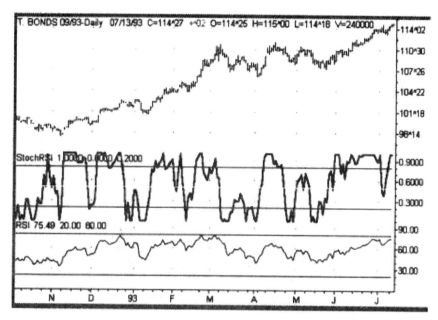

**图 5.19　美国长期国债 1993 年 9 月期货合约 14 日 RSI 与
14 日 StochRSI 的比较**

　　图 5.20 中展示的是美国长期国债 1993 年 9 月期货合约从
1993 年 2 月至 6 月的全貌。StochRSI 显示了这段时间每一次的超
买和超卖情况，标记了短期交易行情。在图 5.19 中发现的 3 月
份的背离状态在图 5.20 中可以被看作是放大了的情况。大约在
0.2 水平处买进，而在大约 0.8 水平处卖出都将是获利的。如果
StochRSI 重新上升至 0.8 上方或跌破 0.2，则重新进场是很重要
的。假如 6 月初，当 StochRSI 跌破 0.8 时卖出债券期货合约后，
上涨趋势恢复且 StochRSI 重新升至 0.80 并奔向 1.0。此时最佳做
法是平掉空头头寸并进行多头交易，一直保持到 StochRSI 运动至
0.80 上方为止。

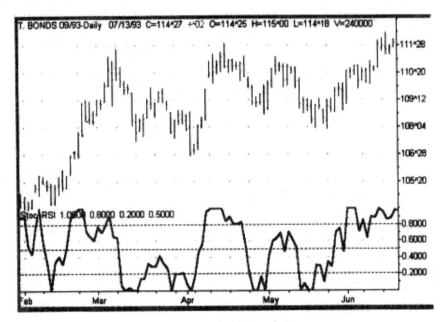

图 5.20　更仔细观察美国长期国债期货合约的 StochRSI

案例：StochRSI 与 S&P500 指数

图 5.21 显示的是 S&P500 指数从 1992 年 10 月至 1993 年 4
月，约 7 个月的行情走势。市场上涨势头一直持续到 12 月中旬，
然后进入宽幅震荡。在整个时间段内，14 日 RSI 都没有超越 80
或跌破 20，因此，它无法被用作超买超卖指标。

尽管在震荡期出现过某些波动，但 StochRSI 却显示出价格每
一次的极端情况。当 StochRSI 高于 0.80，然后跌破该水平线时，
发出卖出信号。当 StochRSI 低于 0.20，然后超过该水平线时，发
出买进信号。注意反转条件：如果 StochRSI 在上叉 0.20 后掉头，
或在跌破 0.80 后再次上升，则之前的买、卖行为发生逆转。这
种反转行为发生的原因是：在整个趋势阶段，当行情为上涨趋势
时，StochRSI 可以一直处于 0.80 上方，当行情为下跌趋势时，
StochRSI 可以一直处于 0.20 下方。

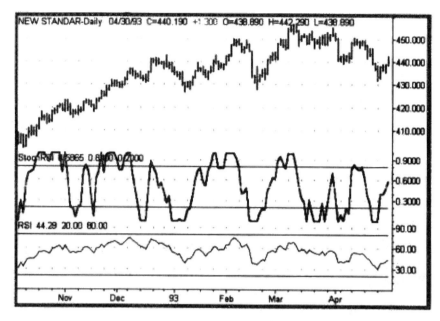

图 5.21 S&P500 指数在上涨阶段和进入宽幅震荡期时的
RSI 与 StochRSI 行为对比

接下来，仔细观察一下图 5.22 中，S&P500 指数在 1991 年 11 月至 1992 年 2 月的表现。注意图中 14 日 StochRSI 在整个 1991 年 12 月份是如何走弱的。在此阶段，指数先上涨到 330 区域，然后进入一个窄幅盘整区间。在价格跌至 310 区域之前，StochRSI 就已经降至 0，显示了行情的下跌趋势，并且在指数触底前 2 天，StochRSI 就已经触底回升了。1 月份，指数和 StochRSI 均强劲回升，直至 StochRSI 到达 1.00，表明指数上涨趋势强劲。在整个 2 月份的上涨阶段中，StochRSI 一直保持在 0.80 上方，并在指数达到最高点的那一天重新跌落。当指数进入盘整阶段，StochRSI 再次跌落至 0。

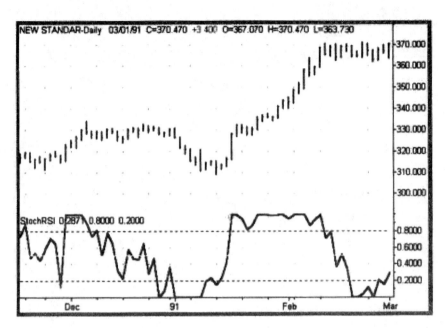

图 5.22　S&P500 指数在趋势阶段时的 StochRSI 图解

　　需要理解的一个重要概念是，当指数进入盘整区时 StochRSI 的下降。StochRSI 在顶部和底部都能做出快速反应，因此，只有当它处于极值，显示行情趋势时，你才能用它做交易。相应的，当它升至 0.80 之上买进，并在它降至 0.20 之下时卖出。当其值跌破 0.80 或上穿 0.20 时选择平掉前期手中头寸（或反手）。或者，仅当 StochRSI 降至 0.50 之下或升至 0.50 之上时进场交易。

　　也可以使用一些平滑方法来减少 StochRSI 的"两头受损交易"，或是在建立交易头寸前要求 StochRSI 连续 3 天处于 0.50 之上或之下。这也许会延迟你进场交易，但这样做也会减少"两头受损交易"带来的损失。用这种方法，可以使该指标适应你的交易风格。

StochRSI 交易策略

以下采用美国安进公司股票周收盘价数据，来进一步说明

StochRSI 的更多用途。图 5.23 中，在价格下方显示了一条 7 周 StochRSI 线和一条 7 周 RSI 线。StochRSI 再次显示出了价格显著的高点和低点，而 RSI 却显示不出这些点位。注意 StochRSI 值的下降是如何及时反映安进公司股价高点的，以及在股票巨量抛售前 StochRSI 是如何及时降至 0.20 之下的。它也显示出了随后而来的大部分小幅反弹行情。这个例子也证明了 StochRSI 的时效性和敏感性。因此，可以尝试采用不同时段计算的 StochRSI，并设置其超买超卖水平线，将其用于对股票价格进行长期及短期分析。

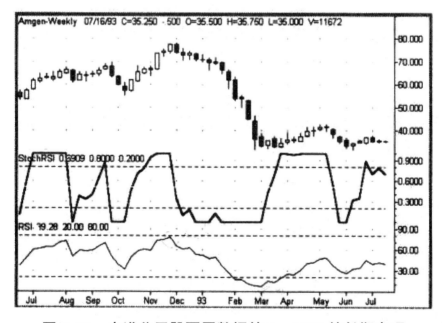

图 5.23　安进公司股票周数据的 StochRSI 的长期表现

但使用 StochRSI 来分析超短期行情效果会怎样呢？图 5.24 展示了 StochRSI 在 1993 年 9 月美国长期国债期货合约小时图中的使用效果。在分析中，我们特意平滑了 StochRSI 以消除在使用如此短时间行情中固有的交易"噪声"。我们计算了 20 周期 RSI 和 20 周期的 StochRSI 指标。然后，用 10 周期的简单移动平均值来平滑 20 周期的 StochRSI 指标，并在图中的小时价格条形图上方画出了 StochRSI 的慢速线。

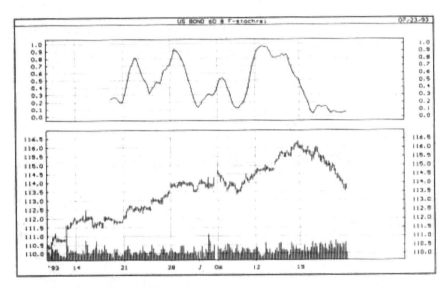

图 5.24　用于展示 StochRSI 行为的美国长期国债 1993 年 9 月合约小时数据图

当价格上涨，动量上升；而价格进入盘整区域时动量下降。可以看到，即使市场处于横向整理期，StochRSI 也会下降。横向整理运动引发大量向上动量的损耗而产生较低的 StochRSI 值。在小时图中，StochRSI 的低点与价格低点有较好的关联性。注意在市场下跌期间 StochRSI 的急剧下降现象，以及它在低值（0.2 以下）是如何变为平坦的。

当 StochRSI 降至 0.50 之下时，你会以 116.00 价格平掉手中的多仓，并且当价格反弹至 116.00 水平而 StochRSI 仍保持在 0.2

以下时，你还有第二次在此价位平仓的机会。或者，你可以利用这次反弹机会在 116.00 水平附近卖空。当使用小时数据的 StochRSI 指标时，你还应该使用其他指标来证实你的分析。例如，你应该使用带有短期移动平均线的日线条形图来确定趋势。

为了在小时数据中显示 RSI 的性能，我们在图 5.25 中，画出美国长期国债 1993 年 9 月合约小时数据的 20 周期 RSI 线，并在线上叠加了一条 10 周期的简单移动平均线。20 周期 RSI 线先于实际价格见顶，在动量与价格升至新高时出现典型背离。当价格在随后三天下跌时，RSI 也缓慢下降。StochRSI 也是先于价格见顶，并在价格创出新高后，出现典型的背离；然而，它的下降速度比 RSI 快。

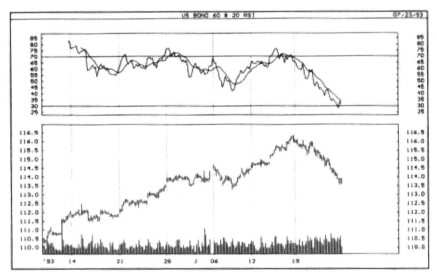

图 5.25　美国长期国债 1993 年 9 月合约小时数据的 20 周期 RSI

可以在图 5.26 中直接比较 20 周期 RSI 线（实线）和平滑后的 20 周期 StochRSI 线（虚线）。注意 StochRSI 的移动速度比 RSI

快，这使它在预警趋势变化方面很有价值。例如，StochRSI 降至其半值 0.50 之下时，RSI 仍在 65 附近；StochRSI 也先于 RSI 到达顶点；它是一个比 RSI 更为敏感的动量变化测量指标。

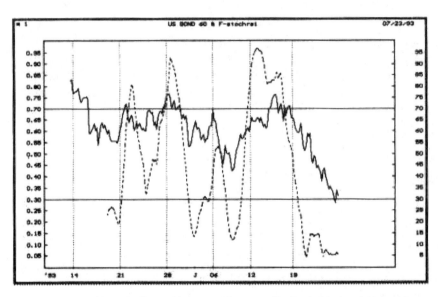

图 5.26　美国长期国债 1993 年 9 月期货合约小时数据的

20 周期 RSI 与 StochRSI（虚线）的对比

弹性动态动量指标

在我们一揽子动量摆动指标中的第三个指标是弹性 RSI，我们将向你展示如何构建它。如果你拥有一个"可调用的"RSI 函数的软件，你将从本节中收获颇多。也就是说，对于 RSI 的内置函数，其输入的数据是天数。动态动量指标（DMI）是专门设计用于改变天数参数计算的；实际上，其时间步长能使你对市场行为的了解颇具价值。弹性的想法在一定程度上克服了平滑的影响，因为平滑通常掩盖了市场短暂行情的极端状态。

在 DMI 计算中，随着波动率的降低，使用的时间周期会更长，即当市场交易处于平静期时，计算所用的时间周期会更长。那么，当市场波动率增大时，使用的时间周期会很短。这就缩小了在活跃市场上寻找超买超卖区域的范围。弹性将 DMI 与 CMO 和 StochRSI 区别开来。摆脱了固定天数的束缚，DMI 使你能够洞察市场价格加速上涨或下跌的行为动态。从这个意义上说，DMI 极值比 CMO 或 StochRSI 中的任何一个指标的极值都更有可能为反趋势交易提供成功的进场点。

把 DMI 编纂为波动率指标

将 DMI 编纂为市场波动率指标的方法之一，是首先计算 5 日收盘价标准偏差；然后，取其 10 日移动平均值的标准偏差。我们选择等效的静态 RSI 的计算天数，在此，选择 14 天为计算天数。接下来，我们定义以下公式来计算用于弹性 DMI 的天数：

$$Std_A = Average_{10} \left[Std \left(C, 5 \right) \right],$$

$$V_i = Std \left(C, 5 \right) / Std_A,$$

$$T_D = INT \left(14/V_i \right) \tag{5.20}$$

Std_A 是收盘价 5 日标准偏差的 10 日简单移动平均线值；波动率指数 V_i 是 5 日标准偏差当天值除以过去 10 日的平均线值的比例，V_i 随着波动率的上升而增大；T_D 是用 14 除以波动率指数；符号 INT 确保在 DMI 计算中天数值为整数。

如果波动率指数大于 1，则 T_D 小于 14，因此，波动率的增大降低了 DMI 的步长。如果波动率指数小于 1，则 T_D 增大。我们还定义了计算中天数的上限和下限：

$$\left(T_D \right)_{MAX} = 30$$

$$\left(T_D \right)_{MIN} = 5 \tag{5.21}$$

我们武断地限制了 DMI 计算中天数的最大值和最小值为 30
天和 5 天。这些限制符合我们的交易理念，但你可以按照自己的
意愿使用其他的限制数值。

请注意，这种转换是非线性的，其产生来自波动率指数本身
的定义。V_i 百分比变化值会给你一种非线性的感觉。当该指数小
于 1 时，这种转换对变化更敏感，而当指数大于 2 时，对变化的
敏感性降低。

如图 5.27 所示，围绕着 14 日静态 RSI，我们构建了弹性
DMI 指标。因此，当 V_i 大约为 1 时，DMI 和 RSI 具有类似的值；
当 V_i 指数跌于 1 以下，DMI 与 RSI 值迅速偏离；当该指数增加超
过 1，DMI 和 RSI 值偏离缓慢。因此，DMI—RSI 曲线确切性质取
决于给定时间段数据的波动率。，当波动率增加时，它们之间的
差异会增大。

案例：DMI 和道琼斯工业平均指数

图 5.27 对道琼斯工业平均指数（DJIA）14 周期的 RSI 和
DMI 进行了直接比较。DMI 先于 RSI 进入超买和超卖区域。

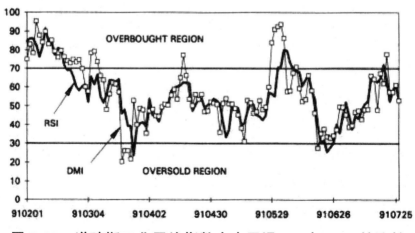

图 5.27　道琼斯工业平均指数中未平滑 RSI 与 DMI 的比较

我们将使用 1991 年初的 DJIA 交易数据来说明 DMI 的时间步长是如何变化的。图 5.28 显示了位于 DJIA 日收盘价下方步长按比例缩放后的 DMI 线。我们将 DMI 天数乘以 10，并加上 2550，得到放大后的值。现在可以将 DMI 的时间步长与市场行为进行直接比较了。

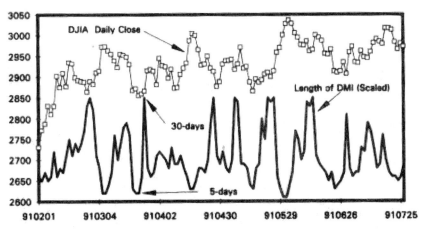

图 5.28　道琼斯工业平均指数和 DMI 的有效步长

在每一时段，市场出现波动都会降低 DMI 步长。当市场交易处于平静期时，DMI 步长增大。注意 3 月初、3 月末、4 月中旬、5 月末和 6 月中旬的 DMI，计算采用的是短步长。在这每一时期，市场都出现快速移动现象。

这个例子说明，可以使用 DMI 作为判断超买或超卖的条件。DMI 常常提前一天或数天（见图 5.27）先于 RSI 进入极值区域，这个领先的时间对很多交易者来说极具价值。由于 DMI 步长与市场动态密切相关，DMI 出现极值时要比 StochRSI 出现极值时更有可能导致获利的反趋势交易。换句话说，DMI 在显示极值时更有噱头。你还可以使用 DMI 来开发具有灵活参数的交易模型。

案例：DMI 与 S&P500 指数

图 5.29 将 S&P500 指数的 14 日 RSI 与 14 日 DMI 进行了对比。你会看到 RSI 在测试期间或多或少表现平坦，在一个狭窄的区间内运动。而另一方面，DMI 在该阶段四次显示超买超卖情况。

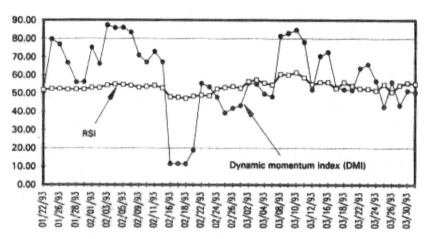

图 5.29　用图 5.30S&P500 指数数据计算的 14 日 RSI 与 14 日 DMI 对比

图 5.30 中，我们将 DMI 线叠加在 S&P500 指数日收盘价图上。可以看到，DMI 极值也与指数极端价格相呼应。一种交易策略是，当 DMI 低于 20 然后升起时买进；当 DMI 高于 80 然后下穿该水平线时卖出。这种交易方法在 1993 年 2 至 3 月间发出 3 次交易信号，每次信号都比实际行情提前了约 2 天发出，这提供了明显的交易优势。

最后，图 5.31 显示了 DMI 的有效步长，即用于 DMI 计算的天数。低值步长对应着该阶段市场的高波动率。相反，有效步长的高值意味着该阶段市场的低波动率。从图 5.30 中可以看出，市场的快速变动降低了 DMI 计算中的有效步长。

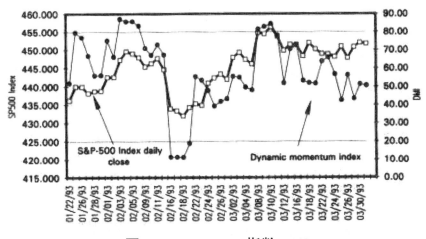

图 5.30 S&P500 指数 DMI

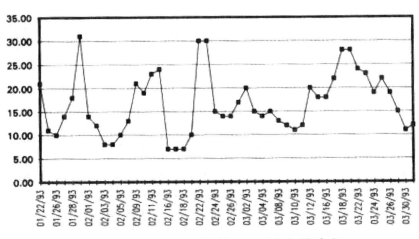

图 5.31 S&P500 指数 DMI 的有效步长

DMI 交易策略

运用本章节的 DMI 可以制定出无数的交易策略，以下对采用

DMI 策略作交易进行简单的总结。

例如，当像 r^2 和 absCMO 这样的趋势强度指标并没有显示出市场有任何趋势时，意味着反趋势策略有更大的成功概率。你会用超买条件做空，并用超卖条件做多。比如，当 DMI 当天发出了超买信号，你明天在比今天最低价略低一点的价位卖出；做多情况正好相反。可以将空头头寸止损点设置在行情突破最近 5 天最高点时；多头头寸止损点可设置在行情跌破最近 5 天的最低价时。

与此形成鲜明对比的是，如果采用 ADX 或线性回归法测出市场正处于趋势之中时，可以使用 DMI 确定顺势交易的进场点。例如，如果市场顺势走高，将等待 DMI 出现超卖信号再进场做多，因为你会认为这只是上升趋势中的一个小回调，因此，是一个低风险的买进机会。在下跌趋势中做法与此相反，你会在下跌趋势中出现超买情况后卖出。例如，你可以在最近 3 天的最低价下方卖出，止损点设在行情突破最近 3 天的最高价之时。值得注意的是：应该充分测试这两种策略并对它们成功概率感到满意后再施行。

在一个有上升或下跌趋势的市场中，许多交易员使用 DMI 作为出场工具，即在市场出现超买或超卖情况时平仓出场。请注意，市场并没有自动反转方向，仅仅只是超买或超卖了。DMI 出现极值情况往往表明市场在该方向上有很强的动量。因此，一个超买的市场会创出新高，超卖的市场会创出新低。

最后，记住应用 DMI 的主要优点是不必指定计算 DMI 的天数。DMI 会根据市场波动率调节计算用天数。你所构建的波动率指数决定了 DMI 的敏感度。

总　结

我们的新动量摆动指标群构成了一组分析动量的强有力工具。钱德动量摆动指标（CMO）是一个纯粹的动量摆动指标，显示在一个有边界区间内的净动量变化。它与 RSI 的关键区别在于在计算过程中不使用内置平滑。CMO 可用于发现市场极端状态，常常能显示 RSI 所无法显示的市场极端状态。也可利用它与 0 轴交叉所显示的动量符号的变化来进行交易。

可以将不同时间段计算得到的 CMO 组合后得到一个 CMO 组合。该组合指标可以采用其简单移动平均线值或用波动率加权后的移动平均线值来构建。基于波动率构建的 CMO 组合提供了一种多时段动量变化敏感图线。你也可以过滤 CMO 以减少数据中的"噪声"，并找到真正意义上的价格极端状态。因此，CMO 是一个强大而灵活的动量摆动指标。

随机 RSI 指出了当前 RSI 值在其区间内所处位置。它既可以作为超买超卖指标，也可作为当 RSI 震荡失效场合下的指标。因此，它可以将这两种用法相结合用于分析市场动量，而过去分析市场动量常用的是 RSI。尤其是，它是一个非常优秀的短期震荡指标，常常显示 RSI 无法显示的市场极端状态。

最后，动态动量指标可以让我们计算 RSI 时无须指定计算天数。它根据市场波动率调节自身步长，这有助于克服 RSI 的一个关键限制。DMI 往往会先于 RSI 数天进入超买或超卖区域，这样的早期预警对交易非常有用。

第6章 市场推力和推力震荡指标

本章介绍了功力强大的新指标。该类指标组合了股票市场特有的数据项，因而不适用于期货市场。这四项数据是上涨股票数量（AI）、下跌股票数量（DI）、上涨股票成交量（AV）和下跌股票成交量（DV），其中 AI 和 DI 统计项没有考虑价格变化程度或市场资本化程度。

市场分析人士往往以各种方式关注这些数据。在市场强劲上涨的日子里，AI>DI 超过 1000 家，AV>DV 为 3：1 或更大比例。因此，上涨股票成交量很容易是下跌股票成交量的 4 倍或更多。同样，存在的普遍共识是，在市场非常疲软的日子里，AI<DI 好几百家，DV>AV 为 3：1 或更大比例。

在市场向涨跌任一方向强势运行的日子里，会出现要么是 AI>DI 和 AV>DV 模式，要么是 AI<DI 和 AV<DV 模式。这些变量也会出现其他的组合模式，而此时会产生一些模棱两可的市场情形。因为分析中，往往是将上涨股票数量和下跌股票数量作为一个模块，将上涨股票成交量和下跌股票成交量作为另一个模块。由于交易的随机性，这些模块并不总是同步运行。

由 Richard Arms 设计、使用广泛的阿姆斯指数将上述两个数据模块组合成了一个单一的指标。他所设计的这个交易员指数

（通常称为 TRIN），用于揭示上涨股票或下跌股票出现异常巨量成交量的情形。该指标被定义为：

$$阿姆斯指数 = \frac{(AI/DI)}{(AV/DV)} = \frac{(DV/DI)}{(AV/AI)} \tag{6.1}$$

式中：AI＝上涨股票家数，AV＝上涨股票的成交量，

DI＝下跌股票家数，AV＝下跌股票的成交量。

阿姆斯指数是下跌股票的平均成交量与上涨股票的平均成交量的比值，用于测量成交量相对流量大小。它将 1.0 设为中性值；指标值大于 1.0 表示下跌股票的成交量更大一些，而指标值小于 1.0 表示上涨股票的成交量更大一些。该指标值变化的方向和速度通常比其自身的绝对值更为重要。

在市场疲软的日子里，由于下跌股票的成交量更大，阿姆斯指数大于 1.0。当市场强劲上涨时，该指数小于 1.0。注意该指标在上涨期间和下跌期间的比例乘数是不一样的。这是因为阿姆斯指数值在上涨期间被限制在 1 到 0 之间，但在市场疲软期间其值会超过 1 而不存在所谓的边界。例如，该指数值超过 4 的情况已有多次记录，这使得使用带有移动平均线的 TRIN 变得困难。我们将重新整理阿姆斯指数中的各项以阐明这一概念：

$$阿姆斯指数 = \frac{(AI/DI)}{(AV/DV)} = \frac{(AI/DV)}{(DI/AV)} \tag{6.2}$$

由于在指标中用 AI 乘以 DV、DI 乘以 AV，使得在"混合型"市场中，也就是当 AI>DI 但 AV<DV 时，或 AI<DI 但 AV>DV 时，该指标产生了不同寻常的效果。直观上看，由 AI×DV（以及 DI×AV）而非 AI×AV（以及 DI×DV）构建该指数在概念上很矛盾，因为当市场出现"单边市"时，可以预期会有更大的成交量、或更多的股票、或两者都朝同一个方向运动（上涨或下跌）。

TRIN 的主要用途是测量市场的超买超卖状况。由于其日数据往往凌乱和毫无趋势可言，对日 TRIN 通常采用 10 日简单移动平均线（SMA）进行平滑处理，以将潜在趋势剥离出来。当 TRIN 的 10 日 SMA 上升到 1.20 之上，市场被认为是超卖的。如果 TRIN 的 10 日 SMA 跌落至 0.80 之下，市场被认为是超买的。在 TRIN 超卖情况下，市场预期将会走高，而在 TRIN 数值显示超买时，市场将会走低。TRIN 的 10 日 SMA 被认为是一个中期指标。

使用 TRIN 存在三大困难：

1. TRIN 公式中的各比例项掩盖了市场行为，尤其是在"混合型"市场中更是如此。

2. 用移动平均线对 TRIN 进行平滑处理扭曲了成交量相对流量的图形。

3. TRIN 在单边上涨行情中存在边界数值范围，而在单边下跌行情中却没有边界数值范围。

我们开发了自己的市场推力指标来克服这些困难。在以下有关市场推力和推力震荡指标的讨论中，你将会更清楚地发现这些指标的特点。

市场推力及推力震荡指标

一个更令人满意的用于分析 AI、DI、AV、DV 数据的方法是考虑上涨股票家数或下跌股票家数与它们各自成交量的乘积，也就是说，使用 AI×AV 之积和 DI×DV 之积。推力，或者说行情动能，由股票数量及其成交量数据来衡量。

例如，如果共买入 100 股推高了 5 只股票，则推力为 500；而在下一交易日，如果共买入 90 股就推高了 7 只股票，则推力是 630；因此，我们会说第二天的市场推力更大。直观上看，这一定义更令人满意，因为"单边"行情意味着更大的成交量、或更多的股票、或两者都朝着同一个方向运动。如果我们用的是平均成交量，则在第一天，成交量的平均值为 100/5＝20，对比第二天的 90/7＝13 的成交量平均值，发现使用比例值后，正如在 TRIN 公式中的那样，我们会说第一天的市场动能更大。这个小例子揭示了 TRIN 与市场推力（MT）之间的差异性。我们定义市场推力 MT 如下：

$$MT=（AI{\times}AV-DI{\times}DV） \tag{6.3}$$

为方便和简单起见，将推力除以 1000000，得到适度小的数字。你大可不必除以 1000000，也可以选择任意其他的比例乘数。推力日数据可被用于识别某一方向的大行情；将推力累积后，可用于识别市场的潜在趋势；这些推力数据都可以被平滑处理或汇总后用于交易目的。因此，可以得到一条累积 MT 线，即一条成交量升降线：

$$MT\,线_{当日}=MT+MT\,线_{昨日} \tag{6.4}$$

可以定义一个推力震荡指标（TO）来衡量成交量相对流量。

$$TO=\frac{（AI{\times}AV-DI{\times}DV）}{（AI{\times}AV-DI{\times}DV）}{\times}100 \tag{6.5}$$

乘数 100 可选择去掉，因此 TO 值在＋1 到－1 或＋100 到－100 之间变动。MT 与 TO 的重大差异是：TO 值总是在＋1 到－1 或＋100 到－100 之间，而 MT 值无边界约束。

从定义中可以发现，推力震荡指标有很多的优点。其最大优势在于它的数值在上涨天里和下跌天里都具有相同的边界区域范围，其数值被约束在相同边界数字区域范围内。这与 TRIN 形成鲜明对比，后者数值在上涨天里有边界区域约束，而在下跌天里无边界区域约束。

TO 的第二个优点是，它描述了向上推力（AI×AV）和向下推力（DI×DV），因此，强劲上涨日或猛烈下跌日都可以始终得到识别。而 TRIN，如表 6.1 所示，有时会掩盖强劲的单边上涨或下跌行情。TO 优于 TRIN 的第三个优点在于它显示市场当天牛、熊动态之间的净平衡。最后，它提供前后一致的信息。TO 提供标准化的成交量流并且可用作超买/超卖指标。

表 6.1　用市场模拟数据比较 TRIN、MT 和 TO

天数	AI	AV	DI	DV	TRIN	MT	TO
1	1000	1000000	100	100000	1.0	990	0.98
2	100	100000	1000	1000000	1.0	−990	−0.98
3	1000	1000000	100	200000	2.0	980	0.96
4	100	200000	1000	1000000	0.50	−980	−0.96
5	800	800000	400	400000	1.0	480	0.60
6	600	600000	600	600000	1.0	0	0.0
7	800	700000	400	500000	1.40	360	0.47
8	800	900000	400	300000	0.67	600	0.71
9	600	700000	600	500000	0.71	120	0.17
10	700	600000	500	600000	1.40	120	0.17
11	600	500000	600	700000	1.40	−120	−0.17
12	700	500000	500	700000	1.96	0	0
13	500	600000	700	600000	0.71	−120	−0.17
14	500	700000	700	500000	0.52	0	0
15	500	400000	700	800000	1.43	−360	−0.47
16	400	500000	600	700000	0.70	−360	−0.47
17	400	400000	800	800000	1.00	−480	−0.60

MT 和 TO 的变体

考虑上涨股票和下跌股票的单位成交量流，即 AV = DV = 1 的特殊情况。在此情况下，AV（或 DV）项仅仅起到一个恒定乘数的作用，并且 MT 线简化成常用的股票家数累积涨跌线（A-D）线，即：

$$MT = (AI-DI) \ (AV=DV=1),$$

$$MT \text{线}_{\text{当日}} = (AI-DI) + MT \text{线}_{\text{当日}} \tag{6.6}$$

因此，可以预期累积 MT 线与 A-D 线之间存在着广泛的相似性。在上涨股票成交量与下跌股票成交量轮流成为市场主流的轮换点处，这两条线往往出现背离。因此，在转折点处，MT 线比 A-D 线更有效用。

接下来考虑 AV = DV 的特殊情况。在此情况下，TO 转换成一个股票涨跌数量比例的变体，即：

$$TO = (AI-DI) \ / \ (AI+DI) \ (if \ \ AV=DV) \tag{6.7}$$

如果 AV = DV，则 TO 成为净上涨或净下跌的股票数量值，占所交易的总股票数量的一部分。可能 TO 还会被认为是一个成交量震荡指标的变体，因为如果 AI = DI，则有：

$$TO = (AV-DV) \ / \ (AV+DV) \ (if \ \ AI=DI) \tag{6.8}$$

这使得 TO 成为一个有效的净成交量震荡指标；它可以同时作为股票涨跌数量的震荡指标与成交量震荡指标的组合体。TO 曲线图类似于成交量震荡指标曲线图或股票涨跌数量摆动指标曲线图，这是一个不同寻常但却有用的特性图。

市场推力这一概念抓住了被 TRIN 遗漏的大部分市场行情变化。AI×AV 和 DI×DV 之积表示上涨推力或下跌推力的总量。通过使用市场推力而不是 TRIN，可以更精确地区分 AI、DI 组合与

AV、DV 组合的差异。以下将比较和对比 TO 与 TRIN 两者指标。

案例：比较 MT、TO 和 TRIN

我们采用虚拟数据来演示在实际交易中可能出现的 AI、DI、AV 和 DV 的各种不同组合。这些虚拟数据仅仅是为了便于我们对具有类似数据的不同市场的讨论。我们将在后续案例中使用真实数据。

在表 6.1 中，市场第一天强劲上涨，第二天大幅下跌。然而，TRIN 却显示它们是中性的。相比之下，MT 显示出两天里市场各自非凡的强劲和孱弱，而且 TO 每一天都处于正极值和负极值。记住，无边界的 MT 可以超过表中所记录的 +990 或 -990 数值，但 TO 却只能保持在 +1 到 -1 之间。

第三天也是一个强劲上涨的日子。但成交量比第一天有不同程度的减少。TRIN 将其视为熊市的一天，因为当天下跌股票的平均成交量大于上涨股票的平均成交量。即便是当天上涨股票多于下跌股票 900 余只，但却出现成交量方面的差距。然而，请注意，980 推力值显示第三天几乎与第一天一样上涨强劲。因此，MT 这三天的数值要比 TRIN 表现得更加一致。

第四天是第三天的逆转，900 多只股票下跌且下跌股票成交量占大头，因此，这是熊市的一天。不过 TRIN 却显示当天是牛市中的超买交易日，因为上涨股票的平均成交量更大一些。注意，推力数值为 -980，且 TO 值为 -0.96，捕捉到了当天的熊市氛围。第五天 TRIN 值体现市场处于中性；MT 值体现当天为中等强度的上涨单边市。这表明 TRIN 在体现市场牛熊行为方面缺乏前后一致性。

TRIN 正确的体现出第八天为牛市日，就像 MT 和 TO 体现市场的一样。但它却认为第九天比第八天还要牛，推力 TM 正确地认为第九天为温和牛市，因为上涨股票成交量超过下跌股票成交量，当天上涨股票数量与下跌股票数量相等。TRIN 体现第十天是熊市，而推力指标显示第十日与第九日相比没有变化，正确的体现应为温和牛市日。

第十一天 TRIN 与 MT 和 TO 之间形成鲜明的对比。TRIN 体现为强烈熊市，而 MT 和 TO 体现市场为僵局。第十四天也同样如此：TRIN 体现出市场巨大的看涨需求，而推力指标却体现市场为平静中性。这里 TRIN 中相互背离的内部动能给出了相互矛盾的数值。

由 DI/DV 和 AI/AV 定义的成交量相对流量，无法一致显示在这四个变量中，市场行为是势均力敌还是呈现一边倒状态。与此形成鲜明对比的是，MT 和 TO 的定义都能清楚地显示在这四个变量中，什么时候市场行为是势均力敌的或是一边倒的，并提供了比 TRIN 更为一致的市场行为图景。

从本质上说，使用 AI×AV 和 DI×DV 之积消除了因在 TRIN 中使用 DV/DI 和 AV/AI 之比而引发的混乱。更重要的是，可以很容易地采用移动平均线来平滑 MT 和 TO，以减少交易"噪声"，更准确地发现市场潜在的趋势变化。

案例：推力震荡指标与 1987 年股市崩盘

现在来看看在实际市场上运用推力震荡指标的情形。TO 被限制在+1 到−1（或+100 到−100）的区域范围内，在上涨日和下跌日里，其数值区域相同。相反，TRIN 在下跌日，其数值是无边界约束的。

图 6.1 显示从 1987 年 6 月至 1988 年 11 月的道琼斯工业平均指数（DJIA）图，还有一条 TRIN 的 10 日 SMA。这一时期涵盖了创纪录的股市新高和 1987 年 10 月的市场崩盘，包括随后的横

盘整理。崩盘期间，平滑 TRIN 值升至接近 2.50。使用 TRIN 很难发现任何明显的市场超买超卖情形。

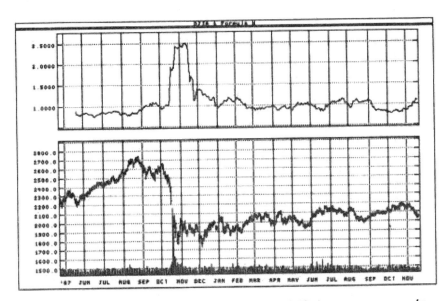

图 6.1　阿姆斯指数 10 日简单移动平均线和 1987—1988 年道琼斯工业平均指数

图 6.2 显示的是同一时期的市场，画出了一条 TO 的 21 日 SMA。可以立刻发现在 1987 年 10 月，TO 降至-0.30。TO 此前的峰值发生在 6 月，在 0.30 之上，随后在 8 月（价格顶部）和 10 月初相继出现次高峰。它很清楚地显示市场在 8 月飙升至新高，并在 9 月下旬出现弱势反弹后，正在失去其上行动力。市场在 1988 年 1 月和 1988 年 3 月随后的小幅反弹中，再次达到超买区域。

这两幅图显示，TO 应对此次崩盘出现的巨大成交量流就像应对崩盘前和崩盘后的平静期一样容易。它提供的超买（0.2 到 0.3）区域和超卖区域（-0.2 到-0.3）条件，前后都具有一致性。

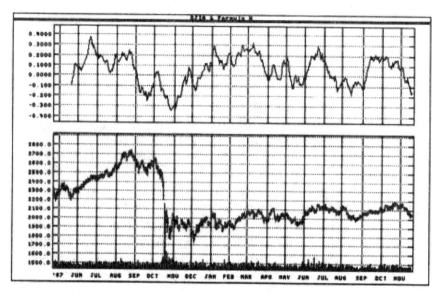

图6.2 与图6.1相同时期的推力震荡指标21日简单移动平均线

图6.2也显示当TO的21日SMA降至或低于-0.3的区域时，市场出现长期底部。中期底部似乎发生在当21日SMA降至-0.20区域时，而中期顶部发生在0.20~0.30区域。当TO值处于0.1或-0.1时，市场往往发生小的顶部和底部。

案例：TO与1990—1991年的DJIA

股票市场在1990年10月又发生了另一次大屠杀，随后上涨至1991年进入盘整。图6.3显示了使用TO和TRIN的21日简单移动平均线所指明的1990年10—11月的市场底部。这里再次出现了平滑TO在1990年9月和10月到过-0.3以下两次。平滑TO在12月份下滑到其自身13日指数移动平均线以下，随后在1月中旬发生短暂的上调。在中间顶部，平滑TO值大于0.20。

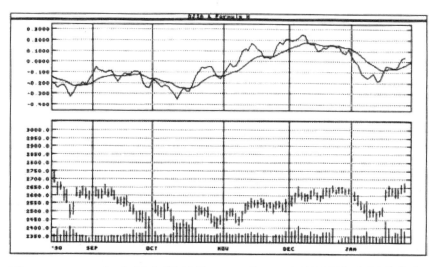

图 6.3　1990 年市场底部时的 DJIA 和 21 日平滑推力震荡指标

　　图 6.4 显示同一时期 21 日平滑 TRIN 的表现。它走高并在 10
月份见顶，其峰值超过 1.2，然后平稳下降至 12 月下旬。直到
12 月底之前，21 日平滑 TRIN 都没有发出反弹警示。在发出反弹
警示信号时，已经比平滑 TO 慢了 10 多天。

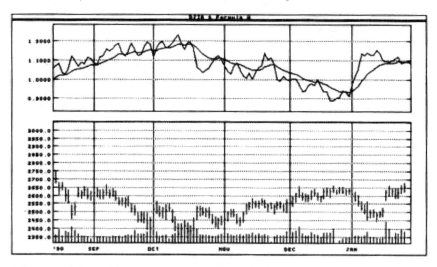

图 6.4　同一时期 21 日平滑阿姆斯指数在 1990 年市场底部时
达到 1.2 的峰值

在图 6.5 中，可以看到价格脱离 1990 年 10 月的低点后进入 1991 年的行情走势。1991 年，市场大部分时间处于一个盘整区间。注意 21 日平滑 TO 在-0.20 一线发出的持续超卖信号。其中在 12 月份发出的信号特别及时。还要注意 1991 年 1—2 月份强劲的市场推力，使得 21 日平滑 TO 达到 0.50 区域。这样的市场推力往往预示着未来 12 个月价格将会上涨。

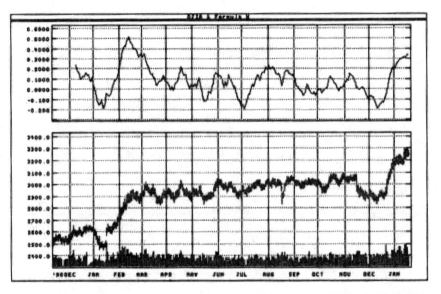

图 6.5　市场处于窄幅区间时的 DJIA 和 21 日平滑推力震荡指标

图 6.6 将 21 日平滑 TO（下方曲线）与 21 日平滑 TRIN（上方曲线）进行了比较。注意 TO 与 TRIN 互为镜像。平滑 TRIN 在 1.1 值附近显示超卖情况。然而，TO 和 TRIN 没有数值相同的尖峰，而这是我们在行情处于盘整期间所希望的。例如，平滑 TRIN 在 2 月和 8 月降至 0.70 区域，而 TO 在 2 月份为 0.50，在 8 月份仅为 0.20。因此，2 月份的市场推力要比 8 月份的市场推力

强劲得多。

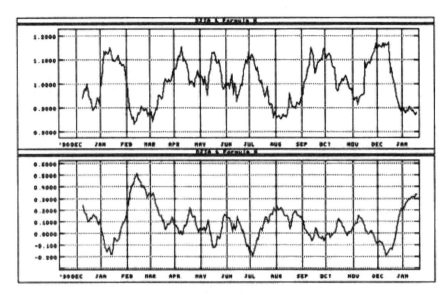

图 6.6　在如图 6.5 所示的 1991 年期间，21 日平滑推力震荡指标
与阿姆斯指数（图上方）的比较

同样，平滑 TRIN 有 7 次升至 1.1 以上，而 TO 全年仅有 3 次
达到-0.20 的水平。例如，5 月份，当 TO 刚达到-0.1 水平时，
平滑 TRIN 就开始从尖峰滑落。最终，平滑 TRIN 在 12 月初保持
平坦，但 TO 却脱离底部迅速上升。

简而言之，在趋势市场和盘整市场中的对比结果表明，TO
比 TRIN 是更好的震荡指标，因其信号前后更加一致和及时。

TO 交易策略

来看一下图 6.7 使用 TO 进行短期交易的例子。图中可以看
到一条 TO 的 5 日简单移动平均线（图上方）和 1993 年上半年
S&P500 指数收盘价图。为了产生交易信号，我们还在 TO 的 5 日
SMA 上叠加了一条其自身的 5 日指数移动平均线（EMA）。当 5

日 SMA 首次由跌转升，或上穿其自身 5 日 EMA 时，发出买进信号。当 SMA 下穿比其滞后的 EMA 时发出卖出信号。这些都是短期买进或卖出信号，因为它们每次只持续几天。曲线图表明，这样的策略是可获利的。

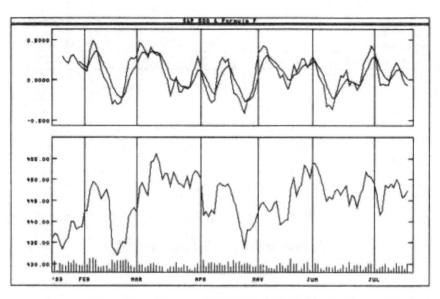

图 6.7　短期交易中的 5 日平滑推力震荡指标与其 5 日指数移动平均线组合

　　TO 在提供长期买进信号方面也可以发挥作用。假设我们可以复制道琼斯工业平均指数（通过一个适当的共同基金），采用 TO 信号交易 DJIA 的收益和亏损大致见表 6.2 中数据。这些数据提供了一个潜在有用的长期指标。该表显示，从 1990 年 8—10 月见底后直到 1993 年中期，股票市场都没有出现明显的调整。

　　要构建表 6.2 中测试的长期指标，我们首先计算 TO，并画出它的 21 日简单移动平均线，然后添加该 SMA 的 13 日指数移动平均线。当 TO 的 21 日 SMA 低于−0.3，然后上穿其自身的 13 日

EMA 线时发出买进信号，可以在下一交易日进场。

表 6.2　来自 TO 的 DJIA 买进信号（四舍五入）

日期	买入点	3 个月收益%	6 个月收益%	12 个月收益%	24 个月收益%
1980.4.3	784.00	13.27	21.17	28.44	6.89
1981.9.28	842.00	3.33	−2.26	9.14	48.81
1982.6.23	813.00	13.78	28.54	48.71	39.11
1984.2.24	1165.00	−5.32	6.09	9.61	45.75
1987.11.5	1985.00	−3.78	1.76	8.06	30.83
1990.2.8	2644.00	3.37	3.4	7.03	22.73
1990.8.27	2611.00	−2.60	10.65	15.89	24.63
1990.10.18	2452.00	7.91	22.31	25.49	30.02
平均		3.74	11.46	19.05	31.10

虽然 TO 在显示长期底部方面表现出色，但使用其 SMA 寻找长期顶部比较艰难。市场顶部似乎更加受外部因素的影响。自 1980 年以来，在出现超买情况后，紧跟着 50 日平滑 TO 下降至其自身 50 日简单移动平均线之下时，才出现市场顶部。这意味着在出现顶部之后下行推力增加，并随着 TO 的 30 日平均线下降至 −0.2 到 −0.3 区域，导致形成中、长期底部。在图 6.8 中可以发现 1987 年的市场顶部。尤其要注意，当时市场处于超买状态（30 日 RSI 高于 0.70），且 50 日平滑 TO（图上方）跌至其自身 50 日移动平均线之下。这一空头头寸始建于 8 月下旬，早于主要卖盘出现之前。该图也显示这种方法并不完美，应审慎使用。

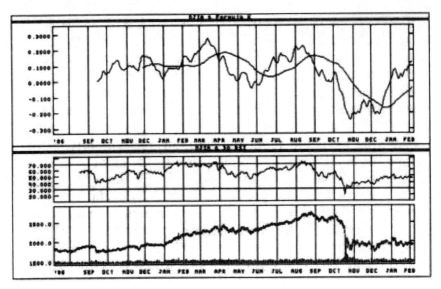

图 6.8　在 1987 年市场顶部时的 50 日平滑 TO 及其 50 日简
单移动平均线（图上方），图下方显示的是 30 日 RSI 和 DJIA。

总　结

希望你能从前面的讨论中发现，市场推力是分析股票市场行
为的一种强有力的新方法。推力震荡指标 TO 提供了比 TRIN 更
稳定一致的信号，并且可以用平均线方法进行平滑而不失真。TO
将股票上涨家数/下跌家数这一指标与一个成交量震荡指标组合
起来，提供了一个独特的、敏感的市场指标。

第7章 控制风险：盈利的关键

在环境不断变化的动态交易过程中，风险是固有的。尽管存在许多风险因素，但结果总是相同的：交易账户出现了意想不到的损失。本章将着重介绍一些令人兴奋的控制风险的新方法。

风险控制的主要目的是因期货交易中使用了杠杆，杠杆放大了市场变化中的不利影响因素。波动率的存在是试图控制风险的另一个原因：市场现在往往会非常迅速地采取大动作，这就要求你在一定程度上更加提高警惕。当然，控制风险的一个明显理由是满足你的盈利目标和保证金需求。

交易的心理压力

还有一个原因，尽管是隐藏的，那就是风险控制是为了对抗交易的心理压力。一系列巨大损失足以动摇大多数交易员的信心。从数学角度来说损失也对交易员不利。例如，要想赚回已经亏损了50%的初始资金，需要获得100%的收益才能恢复初始资金。人类心理是这样的：胜利是令人兴奋的，而失败是令人沮丧的。即便如此，无论成功还是失败，往往都受到一些外在因素的影响，不管是盈利还是亏损，这些因素都很难发现。

交易员还必须承受在竞争、快速变化和充满敌意的环境中工作的压力。在这种环境下，许多超出你控制的变量因素都会影响你的业绩。交易员还必须处理信息过载的问题：洪流般各种不完整信息令你眼花缭乱。将这种情况与一个晋升缓慢、有学历背景的工程师设计一个新产品的情况对比一下——这个新产品将在9个月内不能面市。工程师的团队往往具有良好的组织结构，目标明确，但信息来源封闭；再加上工程师所工作的团队，分散了直接的责任，从而分担了过失和责任；工程师团队也提供情感支柱，并作为一个资源网络。而交易员属于独自单飞：它是你自己的交易，无论是赚还是赔。另一方面，交易员的同伴群体却是竞争对手，这使得做交易成为一场快速混战。

在交易员动荡的世界里，也有后见之明的诅咒。回顾昨天或前天的市场情形并立即决定当时应该怎么做很容易。然而，在现实中做出同样的决定要困难得多，因为你永远无法确定市场将会怎样。因此，交易需要聚精会神，这只会提高对盈亏的情绪反应。

出现交易压力的另一个常见原因是，所谓的趋势持续性，类似于生理学上的视觉残留。可以使用统计测试软件来显示连续的交易都是一个个独立的事件。然而，当进行实时交易时，你的思维增强了趋势的持续性。它很容易使你自己相信，之前发生的连续盈利或亏损仍将会继续下去。这将引发你的情绪波动，使你在兴奋与抑郁，或过度自信与毫无信心的情绪之间摇摆。过度自信会让你陷入糟糕的交易中，就像缺乏自信会让自己远离成功的交易一样。

没有简单的解决方法来对抗这些精神压力，当在参与交易游戏时，一种积极的风险控制方法能使你在很大程度上保持理智。

晚上睡得更好的一种方法是把理论上的灭顶之灾风险最小化。正如 Nauzer J. Balsara 论述过的那样。交易成功与否取决于资本风险的百分率、成功概率、回报比例，最终，聚焦在风险控制上。

评估新头寸风险

风险控制的最佳开端是对每一个新头寸定义初始风险。应该清楚地知道，在各种情况下你愿意损失多少资金。选择这个初始风险值应该是你的第一步。

一个好的开端，是对开立交易头寸所需要的初始保证金额的评估。这些保证金额经常变化，而你的经纪人可能要求你缴纳比交易所最低保证金更多的金额作保证金。这些保证金是对预期波动率的衡量工具，因为波动幅度较大的合约往往需要更多的保证金。建议你的初始风险不应超过所要缴纳的初始保证金。一个好的选择是将初始风险设为初始保证金的50%到70%。

选择初始风险值的另一种方法是：你当前账户或初始账户权益的 $x\%$。建议使用账户资金的 $1\% \sim 2.5\%$。例如，如果初始权益为 150000 美元，则可以用 1500 美元作为初始风险。

选择初始风险值的第三种方法是对自己的交易模型进行历史测试。John Sweeney，一位 Stock & Commodities 杂志的技术编辑，提出了一种所谓"最大不利变动幅度"（MAE）的方法。他绘制了盈利交易的最大损失或最大不利变动幅度曲线。在大多数实用系统中，盈利交易的 MAE 都不会大于每份合约 1000～1250 美元的金额。你应该把止损点放在大多数盈利交易所显示的最大亏损处。如果该美元金额超过了你权益的 2.5%，那么，你就可以把止损点设在 2.5%。

一旦你挑选了一个风险值，就应该给你的经纪人下达一个对新头寸平仓的止损指令。至关重要的是，要遵守控制损失的纪律，下达一个当天有效的指令。如果指令能多天有效则更好。如果市场方向与你所持头寸相反，止损单将会让你出场。

最大有利变动幅度

有时会发现，交易一开始是盈利的，但随后其很快发展成为亏损头寸。我们把一个最终亏损交易本应获得的最佳利润称为最大有利变动幅度（MFE），它与 MAE 正好相反。分析成功和失败的交易你会发现，在交易过程中，失败交易往往开始只有点蝇头小利后，市场就开始反转，并且交易以损失而告终。同样，盈利交易往往会超越开始的"小"利润并一直保持盈利状态。

为了更好地了解 MAE 和 MFE 的功效方式，请查看图 7.1 数据。该图展示了使用模型进行英镑交易而获利的 MAE 曲线。共有 38 次交易结果，其中 28 次交易（占 74%）每次损失小于 750 美元；近 90% 交易的最大亏损不到 1000 美元。因此，将初始资金的损失风险值设在 1050 美元处，能使大多数可盈利交易得以顺利进行。此外，必须确定这个 1050 美元的限制是否也满足你的风险暴露标准：例如，你希望损失不超过 1000 美元，也就是说，占你权益的 2.5%。

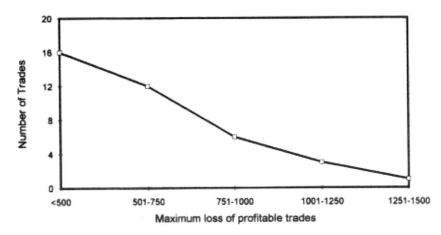

图 7.1　某英镑期货合约交易系统的最大不利变动幅度

为了阐释 MFE，在图 7.2 中展示了对同一模型失败交易的分析。在 104 次失败交易中，有 67 次（占 64%）显示每次交易的最大利润都小于 1000 美元；高达 87% 的交易显示最大利润不到 2000 美元。我们推测，在获得良好收益之前，该市场足够大的波动率使交易被止损出局了。因此，在交易期间，当收益低于 2000 美元时，必须主动管理你的止损点位；必须尽量避免行情的快速反转使得交易止损出局。在收益超过 2000 美元之后，该交易很可能成为一次有把握的交易。那么，就可以把止损点移到盈亏平衡点处，甚至可以把止损价位放宽一点，以防止市场因随机波动而达到交易的止损位。

简而言之，在交易的最初阶段最有可能被止损出局，此时 MFE 将帮助你管理设置跟踪止损点。

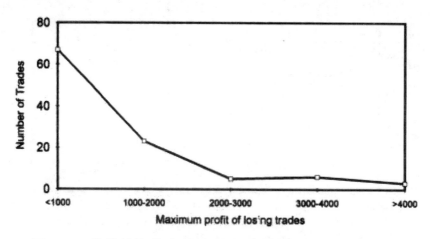

图 7.2　某英镑期货合约交易系统的最大有利变动幅度

对已有头寸的跟踪止损

跟踪止损可用于保护已具有可观收益的已有头寸。之所以被止损出局是因为市场突然出现与所持仓位反方向运动。精确的止损价位往往对交易结果至关重要。因此，以下将讨论设置止损点的多种不同方法。这些方法在某些时候也许会用得上。

设立跟踪止损点的方法之一是一周变换一次止损点价位。比如说，用周三收盘价来计算过去一周的收益，那么可以把止损点提高到周收益的 $x\%$，比如说 40%。一旦获得收益，这个机械式的止损点就将前移，但当出现周亏损时它不会后移。

另一种简单方法是设置一个固定美元金额的跟踪止损点。例如在交易中，从某一波段行情的最高点或最低点测量金额后，将跟踪止损点定在 1500 美元。根据自身的交易风格，精确的美元金额止损点可以是从 500 美元到 5000 美元的任意金额。

还有一种传统的方法是将止损点设置在某一波段行情的最高点之下或最低点之上。看一下价格图表就会找到最近一波行情明显的最高点或最低点。尽管这样的止损点可以设在最新的高点或低点那一边，但要清醒地知道，这样的止损点可能会被场内经纪人滥用。

可以使用 VIDYA 来设置独特的、难以被滥用的止损点，如图 7.3 所示。请记住，VIDYA 是一条能适应市场波动的移动平均线，这一点已经在第 3 章讨论过。由于移动平均线是基于收盘价计算得到的，它没有考虑整个波段中的最高价或最低价相对于当日收盘价的位置，因此，VIDYA 止损点相对"宽松"，它最好用在基于收盘价的长期交易中。此外，这样的止损点可能不会像下面讨论的基于波动率止损点那样，有效保护在容易波动的市场中所持有头寸的权益。

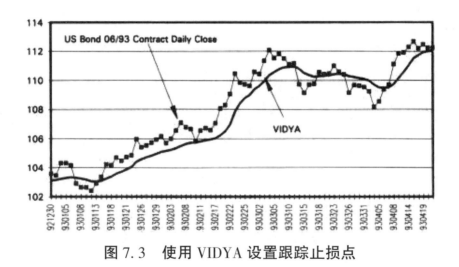

图 7.3 使用 VIDYA 设置跟踪止损点

基于波动率的跟踪止损点

设立波动率止损点是构思巧妙而不易被滥用的另一种止损方法。这种方法对于在中期交易中，防止因市场大幅震荡而被洗出局尤其有效。这些止损点由行情最新高点或低点衍生而来，且当市场波动率增大时，它们离极端价格比较远（宽松）。止损距离远能防止被过早地洗出市场。但也意味着如果止损点被触发，你必须舍弃掉相当大一部分收益。解决方案是修改一下这种止损方法，即止损点只能随着价格推进而不能后移。这将锁定更大一部分的潜在收益，但仍然允许市场有波动空间。

波动率止损点的设置往往通过计算平均真实波幅（ATR）的10日简单移动平均线值作为开始。大多数技术分析软件中都有这个函数。如果没有，也可以将过去10日收盘价变化的绝对值的平均数来代替。我们称这个数值为 ATR_{10} 。对多头交易，从行情最近10日的最高点减去数值（$3\,ATR_{10}$），我们称这个量为多头的初始止损点。最后，使用最近20个交易日的多头初始止损点的最高值作为多头交易的实际止损点。

对空头交易，将数值（$3\,ATR_{10}$）加上行情最近10日的最低点，称该数值为空头初始止损点。最后，使用最近20个交易日的空头初始止损点的最低值作为空头交易的实际止损点。

也可以尝试使用 ATR_{10} 的倍数以获得远的（$4\,ATR_{10}$）或近的（$2\,ATR_{10}$）止损点。或者，用不同的时间周期来计算 ATR 的平均值，或计算初始止损点的最高（最低）值作为止损点。

图7.4 显示了在1993年9月日元合约多头交易中，一条近距的（$1.5\,ATR_{10}$）和一条远距的（$3.5\,ATR_{10}$）波动率止损线。注意止损线在价格平稳的盘整期间是如何被拉平的，而它又是如何随着价格的上涨而推进的。有两种方法使用上述止损线。作为一名中期交易员，可以使用远距的跟踪止损线。如果该止损线在日内被触发，你再使用近距止损线从新进行多头交易。例如，5月初，当价格触发了远距止损线时如果被止损出局了，则当价格收于近距止损线之上时将再次进场做多。这将提供一个很好的入场点。

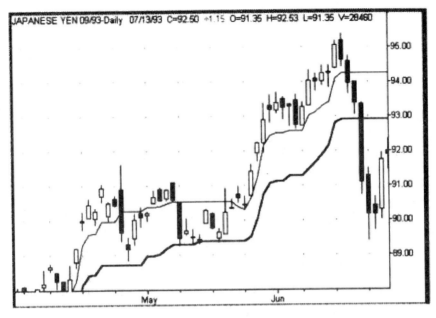

图 7.4 日元期货合约中基于波动率的止损线

作为一名短期交易员，将使用基于日内交易或日间交易的近距止损线。注意价格在大幅波动期间，却始终处于近距止损线上方。正如所预料，在 6 月最高点附近，近距止损线要比远距止损线更早地使头寸退出市场。然而，近距止损线会在 4 月和 5 月价格盘整期间产生"两头受损交易"。因此，你的交易风格决定着对止损线的选择。

开发一个交易模板

在管理持仓头寸时遇到的最大难题之一是什么时候落袋为安。通常，由于市场情况各不相同，因此没有简单的答案。建议将自己的交易系统在历史交易中的表现情况绘制成一个模板以评估交易。

可以从自己的交易系统中，把每一天获得的最佳权益和最差权益单独绘制成图表，描绘出每一天、每一笔交易是如何演变的。如果你的系统能提供 30 笔以上的交易，你就可以得到一个具有相当代表性的市场轮廓。

首先，把交易第一天每一笔交易的最佳权益进行平均，得到第一天的一个数据。然后，得到第二天这样的数据，以此类推（随着天数的增加，可能会没有持仓了）。最后再把未平仓的权益进行平均。

绘制的图表应该与图 7.5 所示的相似。图中曲线来自美国 10 年期国债交易系统。中间线显示的是平均每笔交易的最佳权益，最长持仓时间达到 9 天，收益为 1500 美元。我们还在该平均线两侧各绘制了一条 1 倍标准差（$+\sigma$ 和 $-\sigma$）曲线。这些曲线涵盖了该交易模型约 67% 的交易。最上面的曲线显示大多数盈利交易的持有时间周期峰值在 9~10 天，对应的收益为 2500 美元。如果交易获利缓慢，则最下面那条曲线表明持仓时间周期峰值约 11 天，收益勉强达到 500 美元。

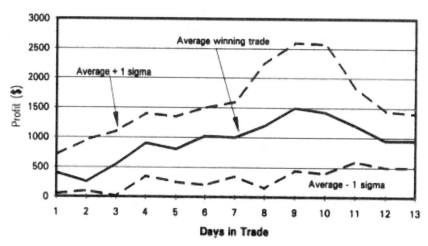

图 7.5　一个 10 年期美国中期国债期货合约交易系统的典型交易模板

　　这张图表作为一个模板，展示了交易是如何在时间上与价格上演变的。假设市场很强劲，在参与交易后仅三天就获得了 4000 美元的收益。根据图 7.5，我们敦促你兑现收益，或至少，收紧你的跟踪止损点，因为该模板表明交易收益已经超前了。相反，如果交易到第 4 天已经亏损了 1000 美元，则建议结束交易，因为此次交易看上去不像是成功的交易。

　　图 7.6 展示了两种交易的演变过程，其中之一收益大赚，另一交易获取的是平均收益。注意，收益大赚的交易，其持仓时间周期峰值处在预期的第 9 天。另一种交易的持仓在 11 天达到周期峰值。通过在价格和时间上展示交易的潜在演变，模板给你一个评估交易的可能进程。实际交易可能会发展得更快或更慢一些，并可能持续更长时间。从中可以得出结论，在使用模板退出交易后，需要检查重新进场的规则，这一点也很重要。

　　正因为交易模板是一种预期性的分析技术，因此可以使用价格预测方法为交易计划设置不同的交易场景。

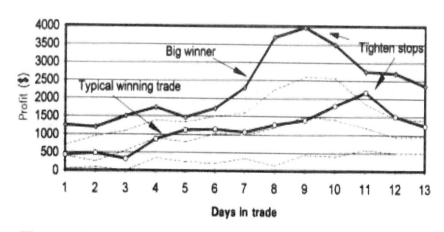

图 7.6　叠加在美国中期国债 10 年期合约典型交易模板上的
两种实际交易曲线

为制定风险控制计划而预测价格

本章到目前为止，采用的都是被动的风险控制策略，诸如设置初始风险或使用不同的跟踪止损线。含蓄地说，我们对下一个交易日价格的可能范围几乎没有做任何预测。交易模板以一般的方式预测价格，但并未明确解释市场最新行为的实质。

本节中，我们提出了一种更积极主动的风险控制方法，该方法建立在对下一交易日价格的可能范围进行预测的基础之上。由于预测价格范围只是一种猜测行为，而交易计划制定的是进场、出场、重新进场等具体操作策略，无论这些交易策略是否超出了预期的价格范围。从这个意义上说，交易计划着眼的是风险及回报。

具体来说，我们将开发两个高于当日收盘价的目标价格（H1 和 H2），以及两个低于当日收盘价的目标价格（L1 和 L2）。L1 和 L2 代表多头头寸的两个风险级别，H1 和 H2 是多头回报程度的两个级别。如果是空头头寸，则正好相反。我们的目标是制定具体的操作规则，以便在下一交易日出现以下情况时进场交易：

- 价格超过 H2。
- 价格处于 H2 与 H1 之间。
- 价格处于 H1 与 L1 之间。
- 价格处于 L1 与 L2 之间。
- 价格低于 L2。

毫不夸张地说，实际交易中，在 H2 和 L2 之间会出现成千上万种不同的价格形态，而上面仅列出了几种可能出现的情况。不管怎么说，这都是一个好的起点。不过，还是先让我们讨论一下如何获得价格目标。

首先，计算当日价格与昨日价格差的绝对值；然后，取这些绝对差值的 10 日简单移动平均线值。注意，这类似于波动率止损中所使用的 ATR_{10} 值的计算（实际上，如果你愿意，也可以直接使用 ATR_{10}）。用字母 A 来表示这个平均值，并通过把 A 的某一倍数加到当日收盘价上，作为明日价格的预测范围。如下面等式所示：

$$| 动量 | = | C_0 - C_1 |,$$
$$A = | 动量 | 的 10 日简单移动平均线值,$$
$$H1 = C_0 + A,$$
$$H2 = C_0 + 2A,$$
$$L1 = C_0 - A,$$
$$H2 = C_0 + 2A$$

(7.1)

我们用 | 动量 | 来表示动量的绝对值，C_0 代表当日收盘价，C_1 代表昨日收盘价。明日最高价和最低价的预测值用 H1、H2，L1 和 L2 来表示。以上计算公式表明，对明日收盘价的最佳估算是以当日收盘价为基础的，其总的价格范围是 A 的 4 倍（4A），是当日收盘价上下各边的 2A 跨度。你也可以更改计算中使用的移动平均线的天数，以及用于预测的价格跨度倍数。该方法有一个优点，即随着市场波动的变化，预测的跨度也会发生变化。

现在我们已经知道了如何计算价格目标。以下将演示如何开发场景和制定风险控制计划。假设市场一直呈下跌趋势，并且你持有一个空头头寸；第二天强劲反弹，收盘价接近或高于 H2；你也许感到，如此强劲的反弹可能是下跌趋势逆转的信号；在这种情况下，你会选择下达一个止损指令平掉空头头寸，并在高于 H2 数跳的价格处建立多头头寸。但是，如果市场在 H2 与 H1 之间震荡，你会一直持有空头头寸按兵不动。同样，如果市场在 L1 与 L2 之间震荡，你会继续持有空头头寸。此外，你感觉仅有一次抛售高潮能够将市场价格打到 L2 之下，那么只要市场在当天任何时候处于 L2 之下时，你就可以决定平掉空仓（但不要做多）。

可以把价格目标作为进场点。例如，当市场呈上涨趋势时，可将 L1 作为建立多头头寸的进场点。同样，可以在 H1 附近寻找空头进场点，将止损点设在 H2 或 H1 与 H2 之间的某个位置。

预期价格目标的另一个应用是想象每日图表将会是什么样子，市场收盘价是处于价格目标带的内部还是处于预测价格范围内的其他位置。这样一个收盘价也许是某个价格形态的完结或开始，这是非常具有预测价值的。这样，可以将预测的价格范围绘制成明天的价格条形图模板，使你在图表分析中抢占先机。

这些例子表明，对下一交易日价格目标范围的客观预测，可以勾画出许多不同的场景。需要注意的重要一点是，你可以确定具体交易决策中的具体价格。

这种预期价格目标的作用有多大？图 7.7 显示的是 1993 年 9 月日元期货合约的预期价格目标。注意如何在该市场上的最内交易带发现支撑位和阻力位（H1 和 L1）。在强劲上涨或下跌的日子里，日元很容易达到或超出最外交易带（H2 和 L2），并且发现最外交易带上支撑位和阻力位都在主要的转折点处。可以看到从 6 月初到 7 月初，交易带是如何在不断加剧的波动中扩宽的。因此，预期价格目标对制定风险控制计划很有帮助。

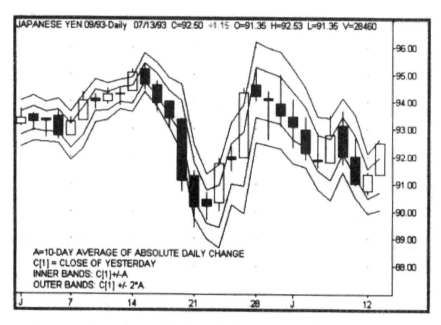

图 7.7　带有预期价格目标的 1993 年 9 月日元期货合约

　　另一个来自期货市场的例子是 1993 年 8 月 Comex 交易所黄金期货合约（图 7.8）。黄金价格往往伸出到最内交易带之外（H1－L1）。在 1993 年 6 月中期顶部期间，H2 之外的那个开盘价是一个很好的、正合心意的兑现收益的机会。H1 交易带在 5 月下旬提供了很好的做空进场点。同样，L1 交易带在 6 月提供了很好的做多进场点。这张图也显示了交易带是如何因应波动率的变化而变窄和变宽的。这个特征对在波动性大的期货市场进行交易很有帮助。

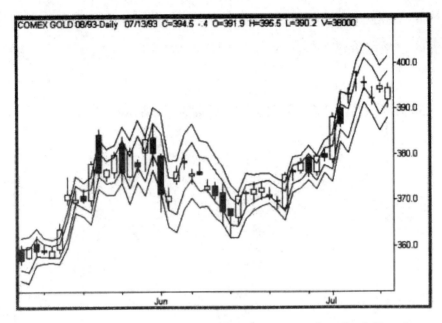

图 7.8　1993 年 8 月 Comex 黄金期货合约的预期价格目标

　　总而言之，很明显，具有前瞻性的积极风险控制策略是基于在期货市场上能成功运用预期价格范围。

风险控制中的实际问题

　　我们已经讨论了许多不同的风险控制方法，但没有涉及这些方法的操作细节。本节将提出一些可以帮助你更平稳地执行风险控制策略的条款。

　　当制定价格目标 H2、H1、L1 和 L2 时，观察它们是否会坐落在重要的回撤点上，诸如行情最新波段的 33%、50%或 67%，即常常作为支撑位和阻力位的所谓的菲波纳西回撤位。图 7.9 显示了阴极铜 1993 年 9 期货合约上的这些菲波纳西回撤点位。从主

要波段的 A 点到 B 点的 50% 回撤位是 C 点 。A 点至 g 点的小波
段的 64% 回撤位在 h 点。同样，d 点到 f 点的小波段 47% 回撤位
在 e 点。结论是什么呢？如果你的预期目标刚好接近菲波纳西回
撤水平位，需要特别注意。

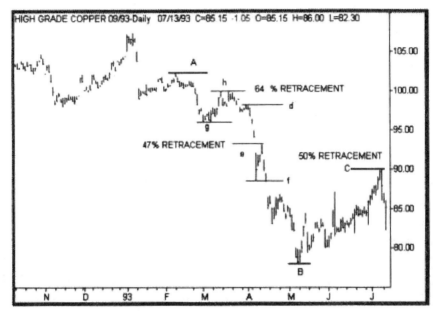

图 7.9　阴极铜 1993 年 9 月合约上的菲波纳西回撤位

　　在计算得到一个跟踪止损点后，应避免将其放在诸如 62.00
或 62.50 这样的整数位置，但可以把它放在像 7.52 这样越过整
数的位置上。例如，将空头止损点设在 60.87，并希望市场在
61.00 附近获得支撑。你可能会注意到，美国长期国债市场的逆
转常常发生在离前期高点或低点 7 跳的价位上。因此，试着把你
的止损点放在离前期高点或低点 11 跳的价位上。通常情况下，
增加的那么几次额外的价格跳跃次数可能是使交易成功或只是避
免交易失败这两者不同的原因。

尽管我们不断地提到为了风险控制而止损（下达止损指令），在交易期间使用市价指令止损也许是对所持有头寸最好的止损方法。一旦你决定处理掉所持头寸，应尽可能快地平掉它。

研究你的经纪人可能会接受的指令类型，因为这些指令类型会影响你如何在你的风险控制计划中真正地使用它们。恰到好处的指令将有助于交易做得更好。另一种下达指令的策略是使用传真机来发送指令，因为这样可以避免指令的混淆，并简化错误校正流程。

最后一招：下一次必须在期货合约即将到期时将持有的头寸向后移仓，在"不被持有"的前提下使用市价指令。可以在两只不同期限合约的价差对你有利的情况下，让你的经纪人在移仓过程中有自主决定权。

控制"隐形"风险

有关风险控制的讨论都是面向价格的。但应清醒地认识到，还有许多其他形式的风险。应该认识到，它们的存在也是你更大的风险控制策略中的一部分。我们称这些风险为"看不见的"风险，因为在交易的狂热中，很容易忽视它们。这里的讨论将是简短粗略的，因为其他作者已经在其他书籍里提供了详尽的讨论（见参考文献）。

由于许多市场相互关联，你要承担来自所参与交易的组合市场的投资组合风险。记住，在关联市场交易相当于在单一市场上交易多个品种合约。市场特征诸如缺口、波动率、流动性，以及指令的执行都是影响投资组合风险大小的各类因素。超过六个或六个以上市场的组合交易是控制这些风险的方法之一。

资产配置和杠杆运用是其他形式的风险。有许多权衡资本风险与期望回报的方法。我们向你介绍讨论这些问题的 Nauzer J. Balsara 和 Ralph Vince 的书籍。通常的风控规则包括每笔交易资金的亏损风险占总权益的 2.5% 或更少，以及将总权益的 30% 或更少用于保证金需求。

简而言之，在当今的市场交易中，交易者会承担许多"看不见"的风险。因此，作为整体风险控制策略的一部分，应该处理这些类型的风险。

第8章　如何使用本书

使用本书的最好方法是将本书中的思想整合到你自己的交易过程中去。我们将举例说明如何通过组合某些指标来找到新的、有效的交易系统。例如，将向您展示如何开发一个自适应市场的交易系统，将动量指标、CMO 和 VIDYA 组合在一起。还将展示如何将动量指标与线性回归分析相组合的思路用于市场间的轮换交易——从平静的市场转入那些有重大行情的市场。希望这些例子能在如何将本书中的新指标进行组合利用方面，激发你头脑中的思想火花。

由 CMO 驱使的 VIDYA 交易系统

市场波动的变化给长期交易系统带来了特殊的困难：产生更多的错误信号。显然，一个适应市场波动的交易系统，对跟踪长期趋势是非常理想的选择。这种自适应系统相对参数固定系统的另一个显著优点是，不必担心优化系统参数的问题。优化系统参数通常在考评历史数据时非常有效，但在实时交易中却会惨遭败绩。

我们将使用 VIDYA，一种弹性移动平均线，来构建自己的交易系统。我们将使用第 3 章中讨论过的绝对钱德动量摆动指标（absCMO），将 VIDYA 编纂成市场动量指标。由 CMO 驱使的 VIDYA 系统将尝试跟踪市场长期趋势，其胜率大概在 40% 左右，回报率超过 2.50。

我们想把 VIDYA 与 CMO 组合在一起，这样，当市场动量很低时（absCMO 值接近于 0），VIDYA 移动平均线的有效步长会增加；并且我们希望当市场获得动量时（absCMO 值 > 0.30），VIDYA 移动平均线的有效步长会减小。理想情况下，当价格大幅波动时，VIDYA 移动平均线也会快速移动。然后，随着动量的衰减，VIDYA 移动平均线的移动也会减缓。

为了组合 CMO 与 VIDYA，首先，将根据未平滑 9 日 RSI 来定义 CMO。为此将使用来自 Omega 研究所的 System Write 软件进行计算，该软件可将未平滑 RSI 作为内置函数。用该函数来计算 CMO，把 CMO 除以 100，得到 +1 到 −1 之间的数值，而不是 +100 到 −100 的数值。这里只是随意地使用了 9 日 RSI 来计算日收盘价的 CMO。对于短、中期分析来说，9 日是一个普遍采用的时间参数，但如果你愿意，也可以使用 14 日的 CMO，或任何你想要的其他时间步长。其次，将取 CMO 的绝对值以消除负号，然后将其乘以一个比例乘数 t。该比例乘数小于或等于 0.50，以提供 CMO 与 VIDYA 之间的平稳转换。用符号 A 来表示经过比例乘数缩放后的绝对值 CMO。因此，计算 CMO 和 VIDYA 的公式如下：

$$|CMO| = |(2RSI_3 - 100)/100|,$$

$$A = t|CMO| \quad (t <= 0.5),$$

$$AIDYA_d = A \times 收盘价 + (1 - \times VIDYA_{d-1} \tag{8.1}$$

当市场趋势强劲时，VIDYA 在该趋势方向上有强劲动量，并使得绝对值 CMO 的值很高。当 A 增加时，在 VIDYA 定义中的 A× 收盘价那一项数值增加，则新数值会在计算 VIDYA 平均线值时占据更大权重，从而降低了平均线的有效步长。当市场横盘整理时动量降低，此时情况正好与上相反。

　　要为比例乘数 t 选择一个值，我们希望避免采用对各种数值进行测试的方法来寻找效果最佳的那个特殊值。我们的设计目标是针对长期 VIDYA，因此，t 的 "小" 数值，诸如 0.05、0.10、0.15 或 0.20，才是我们真正需要的。计算 VIDYA 的公式 8.1 表明，当 t 值减小时，A 项也会减小，并且在 VIDYA 数值的更新过程中，新数据所占权重越来越小，从而增大了 VIDYA 的有效步长。现在我们可以选择 0.05 到 0.20 之间的任意一个数作为 t 的数值。或者，我们可以使用其他计算来缩小选择范围。

　　我们在 24 个市场中，再次使用美国 CSI 公司 39#期货永久合约 1992 年 1 月 1 日至 1993 年 4 月 26 日的数据，来测试采用上述选择 t 值的方法，对所选用的四个数值 0.05、0.10、0.15 和 0.20 的测试效果。测试结果见表 8.1。表中各列显示了不同 t 值所对应的净收益（或净亏损）。研究表 8.1 中不同 t 值对应的各平均收益，我们发现 $t=0.10$ 与 $t=0.15$ 的结果极为相似。因此，我们决定使用 $t=0.10$ 值作为所有市场和时间段的比例乘数。

　　当 $|CMO|=1$，$t=0.1$ 转化为 19 日指数移动平均线值后，这将符合我们使用长期 VIDYA 的设计准则。现在可以定义以下多头和空头进场法则了：

　　1. 开仓建立多头头寸法则。如果当天收盘价和昨天收盘价都位于当天的 VIDYA 上方，则明天买入，并下达买入后的止损指令。止损点设在比当天最高价高 1 跳的价格水平处。

　　2. 开仓建立空头头寸法则。如果当天收盘价和昨天收盘价都位于当天的 VIDYA 下方，则明天卖出，并下达卖出后的止损指令。止损点设在比当天最低价低 1 跳的价格水平处。

表 8.1 比例乘数 t 的变化影响

市场	VIDYA 比例乘数 t			
	0.05	0.10	0.15	0.20
豆油	−1078	302	−2778	−3598
英镑	16682	25706	31381	30537
加拿大元	1480	2230	2860	2860
可可	−2170	−1930	−350	−2070
咖啡	11177	9005	5841	718
棉花	−515	−5	−4530	−7310
原油	−790	−150	−1490	−610
德国马克	8000	5837	5087	3212
欧元	1025	3125	3325	2525
黄金	−2350	2410	3250	5550
取暖油	109	−1293	177	−2013
阴极铜	4372	5082	4687	5787
日元	6887	10287	13412	14325
活牛	−1548	−2013	1312	820
活猪	4175	4716	5106	4900
猪腩	−5492	−3704	−163	−1306
白银	−4955	−2890	−4115	−5075
大豆	3150	2213	2663	800
白糖	2824	1091	2983	510
瑞士法郎	15050	22463	21262	5775
10 年中期国债	6481	11137	11918	8812
美国长期国债	2981	6612	−1087	−6206
美元指数	1920	5240	1470	1290
小麦	2206	3032	5431	4043
平均值	2785.04	4340.52	4306.68	2571.84
标准差	5529.34	7147.56	7987.04	7521.35
平均标准差	0.50	0.61	0.54	0.34
最大值	16882	25706	31381	30537

| 最小值 | -5492 | -3704 | -4530 | -7310 |
| 最大值/最小值 | 3.04 | 6.94 | 6.93 | 4.18 |

你也可以以股票和共同基金收盘价为基础进行交易测试。我们在测试模型时不会使用任何特定的退出策略，那意味着一个多头进场信号将会使空头交易退出，反之亦然。我们将使用 1500美元作为初始止损点，该止损点可以在稍后使用 MAE 后，即"最大不利变动幅度"后进行改进。我们将增加 125 美元的亏损幅度和减少 125 美元的收益来扣减滑点和佣金。

测试数据来自商品系统公司（CSI）39#永久合约，尽管你可以使用其他永久合约或你喜欢的其他连续数据。我们将使用从1983 年 5 月 26 日起始的 10 年瑞士法郎期货合约数据，并使用System Writer Plus（SWP）软件包进行系统测试。数据将被划分为大致相等的两个 5 年数据模块。首先，将用 1983 年 5 月至1988 年 5 月期间的数据对模型进行测试，然后，再用 1988 年 5月至 1993 年 4 月期间的数据运行该模型。

请记住，我们希望我们的瑞士法郎长期交易模型胜率在30%~45%，回报率大于 2.50。让我们看看我们的期望值与来自第一个 5 年数据模块的测试结果是否吻合，见表 8.2。首先，我们知道测试周期并不短，因为在这个测试模块期间交易了 33 次之多。SWP 软件的输出结果显示，交易的胜率为 36%，平均盈亏比（回报率）为 3.37；去除最大盈利和最大亏损后的回报率为 3.18。该模型平均亏损持续天数为 13 个交易日，平均盈利持续天数为 79 个交易日。平均每次交易收益超过 700 美元，远高于我们的滑点损失 175 美元。因此，这一未优化的模型确实满足了我们的主要设计目标。从中我们可以得出这样的结论：这是一个合理的长期趋势跟踪模型。

MAE 分析显示，任何一次盈利交易的 MAE 都没有超过 1000 美元。因此，在实际交易中，我们可以使用 1050 美元作为资金管理的初始止损点，而不是采用"测试"中使用的 1500 美元作为止损点。然而，当我们使用第二个数据模块测试模型时，我们将继续使用 1500 这个数字为止损点，以保持前后一致性。

分析"最大有利变动幅度"表明：

- 有 12 次亏损交易的各自最大盈利不到 1500 美元。
- 另有 7 次亏损交易的各自最大盈利介于 1501 美元至 2500 美元之间。
- 仅有 2 次亏损交易的各自最大盈利大于 2500 美元。

因此，当最大盈利达到 2501 美元后，你可以把止损点移到盈亏平衡点处。如果盈利超过 1501 美元，你也可以更积极地管理你的止损点。

表 8.2 使用 1#数据模块测试瑞士法郎

模型名称	Z New Vidya CMO 模型
注释	基于 CMO 的长期 VIDYA 模型
数据	瑞士法郎 CSI 公司 39#永久合约
计算周期	1983 年 5 月 26 日—1988 年 5 月 30 日
佣金	50 美元
滑点	75 美元
保证金	3000 美元
总净利润	23400.00 美元
总盈利	48662.50 美元
总亏损	−25262.50 美元
总交易次数	33
盈利百分比	36%

盈利交易次数	12
亏损交易次数	21
最大一次盈利金额	8262.50 美元
最大一次亏损金额	−2175.00 美元
平均每次盈利金额	4055.21 美元
平均每次亏损金额	−1202.98 美元
平均盈利/平均亏损（盈亏比）	3.37
平均每次交易盈亏（盈利或亏损）	709.09 美元
最大连续盈利次数	2
最大连续亏损次数	5
平均连续盈利交易日	79
平均连续亏损交易日	13
最大日间止损金额	−5950.00 美元
最大日内止损金额	−6850.00 美元
盈利因子	1.92
持有合约最大数量	1
所需账户资金	9850 美元
账户回报	237%

现在，我们有了一个在第一个测试数据模块上运行的模型，我们必须做一些"延长测试"，即在另一个连续的数据模块上测试该模型，而不改变模型的任何参数变量。这被称为"样本外"测试。采用第二组数据测试的目的，是检查模型交易性能是否会以任何方式出现下降。如果我们在用第一组数据测试模型时进行过"过度拟合"，即通过添加太多的条件以满足测试中遇到的一些细微要求，而这些要求在实际交易中又不太可能重复出现，则模型交易性能有可能下降。对第二组数据进行的测试结果将会告诉我们，该模型在实际交易中到底会有多好。如果模型在两个数据模块中的测试性能都相同，而不是在第二组数据模块测试中表

现较差，那么我们对该模型的信心就会更强。

接下来，我们测试了从 1988 年 6 月 1 日至 1993 年 4 月 27 日的瑞士法郎价格数据，结果见表 8.3。此次样本外测试数据中，有 27 次交易，我们大致将其四舍五入到 30 次。这一时期的测试结果与第一测试阶段的结果一样好：胜率相同（37%），盈亏比在某种程度上更高一些，为 4.72。在剔除最大盈利和最大亏损后，重新计算得到的盈亏比为 4.10，平均连续亏损交易日大约为 10 天，平均连续盈利交易日为 102 天。

表 8.3 使用 2#数据模块测试瑞士法郎

模型名称	Z New Vidya CMO 模型
注释	样本外测试，基于 CMO 的长期 VIDYA 模型
数据	瑞士法郎 CSI 公司 39#永久合约
计算周期	1988 年 6 月 1 日—1993 年 4 月 27 日
佣金	50 美元
滑点	75 美元
保证金	3000 美元
总净利润	49775.00 美元
总盈利	77737.50 美元
总亏损	−27962.50 美元
总交易次数	27
盈利百分比	37%
盈利交易次数	10
亏损交易次数	17
最大一次盈利金额	17012.50 美元
最大一次亏损金额	−3037.50 美元
平均每次盈利金额	7773.75 美元
平均每次亏损金额	−1644.85 美元

平均盈利/平均亏损（盈亏比）	4.72
平均每次交易盈亏（盈利或亏损）	1843.52 美元
最大连续盈利次数	3
最大连续亏损次数	4
平均连续盈利交易日	102
平均连续亏损交易日	10
最大日间止损金额	−8112.50 美元
最大日内止损金额	——
盈利因子	2.78
持有合约最大数量	1
所需账户资金	11712.50 美元
账户回报	424%

　　总之，我们的趋势跟踪模型在 10 年的时间框架内运行得相当好。在 1988—1993 年测试时间段内，有 7 次盈利交易的各自 MAE 不到 1000 美元，有 11 次亏损交易的各自 MFE 不到 1500 美元。有 4 次亏损交易的各自 MFE 介于 1501~2500 美元，仅有 2 次亏损交易的各自 MFE 大于 2500 美元。这表明，在最大盈利达到 2501 美元后，你可以把止损点移到盈亏平衡点处。在模型发出反向进场信号前，瑞士法郎有足够的波动性触发我们的初始止损点。

　　我们还采用来自 TechTools 的 Continuous Contracts 软件开发的连续合约数据，对模型进行了测试，使用的测试时期与采用 CSI 公司 39#永久合约测试的时期相同。两组数据的测试结果没有明显的差异。现在我们对该模型的信心更强了。两组数据 4 年期的结果对比见表 8.4。

表 8.4 对比：瑞士法郎永久合约与连续合约数据

模型名称	Z New Vidya CMO 模型	
注释	检验 CSI 数据与连续合约数据	
计算周期	1988 年 1 月 26 日—1992 年 3 月 25 日	
佣金	50 美元	
滑点	75 美元	
保证金	3000 美元	
数据	CSI39#合约	连续合约
总净利润	31237.50 美元	29737.50 美元
总盈利	56900.00 美元	57912.50 美元
总亏损	−25662.00 美元	−28175.00 美元
总交易次数	29	30
盈利百分比	27%	23%
盈利交易次数	8	7
亏损交易次数	21	23
最大一次盈利金额	17300.00 美元	17312.50 美元
最大一次亏损金额	−2900.00 美元	−2900.00 美元
平均每次盈利金额	7112.50 美元	8723.21 美元
平均每次亏损金额	−1222.02 美元	−1225.00 美元
平均盈利/平均亏损（盈亏比）	5.82	6.75
平均每次交易盈亏（盈利或亏损）	1077.16 美元	991.25 美元
最大连续盈利次数	3	3
最大连续亏损次数	7	7
平均连续盈利交易日	98	109
平均连续亏损交易日	8	9
最大日间止损金额	−8687.50 美元	−8637.50 美元
最大日内止损金额	−9275.00 美元	−9225.00 美元
盈利因子	2.21	2.05
持有合约最大数量	1	——
所需账户资金	12275.00 美元	12225.00 美元
账户回报	254%	243%

正如所见，从盈利交易的平均持续盈利天数来判断，该模型确实能很好地跟踪长期趋势。然而，不能保证该模型在未来任何一个市场中的表现都很好。它只是一个好的趋势跟踪工具，能够适应市场波动，并且该模型很有可能在偶尔出现调整的趋势性市场中获利。

现在，我们可以在接下来的 12 个月时间周期内测试该模型，以研究回报率和胜率数据的变化。或者从制定交易计划着手，你可以假设该模型应该达到35%胜率和2.50 的回报率。

该模型有两个弱点需要提及。一是它在盘整市场或无趋势市场中，会出现"两头受损交易"；另一个弱点是在震荡剧烈的市场中，在该模型发出反向信号之前，会因触发止损点而使前期交易亏损离场。1992 年秋季的市场波动就是一个很好的例子。在这一时期，该模型表现不太好。这并不奇怪，因为该模型必须对所跟踪的长期趋势不能太敏感。在长期盘整的市场 VIDYA 也不可避免地会产生亏损，尽管它比起其他移动平均线确实帮助改善了模型在波动市场和盘整市场的性能。

你可以测试该模型的其他参数变量。例如，通过使 t 值大于0.10 来提高模型的灵敏度；或者，可以选择比 9 日周期短的时间段来计算驱动该模型运行的 CMO。

接着，你可以将风险控制策略与该模型有机地融为一体。你可以将 VIDYA 本身作为一个跟踪止损的工具，测试基于波动率止损为退出策略的效果，严格测试模型。请务必以图形方式查看结果，以便更好地理解模型的特性。

在用此模型进行交易之前，你应该开发一个在第 7 章讨论过的典型的交易模板，以了解交易的进程，并考虑可以自由退场。很明显，模型计算仅仅是建立完整交易系统的起点，完整的交易系统还包括风险控制和资金管理。

希望本次讨论能让你结合本书中的不同指标，对开发趋势跟踪模型流程有一点感性认识。你可能会同意，需要对许多因素进行权衡，没有一个模型能面面俱到。

市场轮转

本周应该在哪些市场进行交易呢？当然是那些最有可能出现大行情的市场。当然，就看你是否能尽早地发现它们。如果使用我们的新指标来衡量市场价格行为，你将会找到这个永恒话题的答案。然后，就可以从不活跃市场进入活跃市场，这就是我们所说的"市场轮转"的整个过程。这是在不断变化的期货市场中获得巨额利润的关键所在。

表 8.5 列了 25 个主要期货市场有关的动量与趋势综合测量结果。市场往往会在一段时间内保持在顶部或底部附近，这为市场轮转提供了重要的交易机会。通过对市场排名，我们构建了组合动量，它是将 5 日、10 日和 20 日动量的总和转换成美元。我们还构建了 18 日回归斜率并将其转换成美元，它显示对来自最佳拟合直线的日收盘价所做预期的变化。

有两种趋势测量方法：18 日最佳拟合直线的 r^2 和 18 日 ADX。只有当 r^2 值大于 0.22 时，趋势才显著。

表 8.5 显示排名最靠前的市场具有最强劲的上涨趋势，排名垫底的市场有强劲的下跌趋势。排名最前和最后的市场都有可能出现大行情，是短期交易的上佳候选市场。处于排序中间的市场是正在变化的市场，对具有新交易理念的交易员来说是上佳的候选市场，因为这些市场也许具有稳固的长期趋势，在长期趋势的方向上能提供好的进场点。而且，由于其中的一些市场的长期趋

势也许正在发生变化，它们也许是建立反趋势头寸或在新的趋势
方向上建立早期头寸的上佳候选市场。

表 8.5 提供了一种测量市场趋势和观察趋势变化的系统方法。
如果你是一位毫无约束的交易员，则可以进入那些强劲市场。如
果市场没有趋势，则作为使用交易系统的交易员可能会拒绝来自
趋势跟踪模型的信号。或者，在接受来自趋势跟踪模型新信号之
前，会等待趋势指标出现加强。我们已经观察到市场在一段时间
内将保持在顶部或底部附近。因此，这些排名相对稳定，为市场
轮转提供了极好的机会。

表 8.5　使用近月合约对市场动量进行排序
（1992 年 4 月 29 日收盘价数据）

市场	组合动量（美元）	18 日斜率（美元）	18 日 r^2	18 日 ADX
瑞士法郎	8288	232	0.74	48.72
英镑	7550	234	0.73	54.67
白银	6875	97	0.60	34.94
咖啡	6131	98	0.29	30.61
黄金	5340	97	0.67	45.89
日元	4738	205	0.63	40.61
德国马克	4525	99	0.49	41.72
白糖	3069	91	0.41	18.22
活牛	1092	12	0.09	31.33
取暖油	916	−17	0.26	12.00
原油	530	−23	0.44	18.44
欧元	94	60	0.28	25.22
可可	−190	−3	0.01	14.33
大豆	−338	−14	0.20	22.06
冰冻橙汁	−645	−68	0.61	28.17
玉米	−938	−28	0.67	45.00

活猪	−1497	−40	0.62	21.11
棉花	−1560	−51	0.39	15.28
小麦	−1875	−48	0.76	34.78
美国长期国债	−1906	74	0.11	26.33
加拿大元	−2180	−24	0.15	17.94
阴极铜	−4763	−152	0.73	64.83
美元指数	−6350	−181	0.77	51.44
猪腩	−8496	−138	0.56	11.78
木材	−14850	−173	0.26	16.33

组合动量：以美元表示的 5 日、10 日和 20 日动量和。

斜率：以美元表示的 18 日回归斜率。

r^2：如果 $r^2 > 0.22$，则趋势存在。

ADX：平均趋向指数，如果该指数上升且大于 0.20，则趋势存在。

也许有些人认为，期货市场轮转的概念可以推广到股票市场。表 8.6 展示了一个股票交易清单，采用组合 CMO 将股票进行了排列。首先计算了 10 日、20 日、30 日和 50 日钱德动量摆动指标，并对这些指标值进行简单算术平均后，对股票进行排序。你会卖出最弱的股票而买进最强的股票；如果你持有这些股票，当股票转弱时，你会收紧止损点。

表 8.6　使用组合 CMO 对股票进行排序（1993 年 7 月 13 日）

序列	股票	组合 CMO	10 日 CMO	20 日 CMO	30 日 CMO	50 日 CMO
1	Tuscon Elec Pwr	39.30	33.33	37.50	14.81	41.94
2	Mexico Fund	37.12	55.56	42.22	10.38	19.57
3	Laidlaw B	32.48	46.15	46.84	6.90	16.22
4	Texas Utilities	24.36	47.83	41.46	1.62	3.28
5	Hansen Plc	15.95	63.64	12.50	−1.34	−8.33
6	South Wstrn Bell	14.89	37.93	5.66	3.60	5.17

7	Bio TechGeneral	13.96	18.18	8.11	4.67	15.53
8	GTE	13.65	4.76	21.95	7.40	5.66
9	US Surgical	3.58	24.14	20.63	−6.96	−9.59
10	Philip Morris	−1.56	0.00	−4.62	−3.21	7.98
11	Bristol Myrs Sqb	−1.95	12.50	−10.59	−1.97	−3.81
12	Illinois Pwr Co	−2.17	−36.84	15.15	2.32	6.02
13	Nevada Power	−2.90	−14.29	7.69	−1.67	0.00
14	Mellon Bank	−3.53	−30.30	8.94	1.68	2.19
15	Amer Home Prod	−8.26	−1.96	−12.62	−3.66	−7.50
16	Abbot Labs	−9.49	−7.14	−8.20	−3.79	−11.27
17	Heinz	−12.16	−8.11	−18.64	−6.67	−1.89
18	Amgen	−13.25	−41.67	3.23	−0.43	−13.29
19	Boeing	−15.56	−10.00	−24.44	−8.22	−3.17
20	Illinois Pwr Co	−19.15	−42.86	−17.81	−5.13	−0.56
21	Varity	−19.41	−14.29	−23.33	−7.74	−16.83
22	Johnson & Johnson	−20.47	−12.82	−34.69	−8.21	−9.76
23	Pizer	−24.09	−31.25	−34.94	−7.79	−6.81
24	Waste Mgmt	−24.18	−37.78	−36.08	−6.37	−3.78
25	Gap Stores	−27.96	−49.02	−28.74	−10.97	−1.22
26	Pepsi	−28.23	−65.22	−20.00	−4.53	−14.10
27	Merck	−29.40	−33.33	−47.37	−9.10	−9.62
28	Hong Kong Telcm	−33.96	−73.91	−29.63	−11.12	1.02
29	Laidlaw B	−45.74	−66.67	−52.38	−13.14	−24.53
30	Chemical Waste	−55.56	−53.85	−77.27	−18.53	−35.56

序列＝将所有 CMO 值平均后排序。

10 日 CMO＝10 日钱德动量摆动指标

20 日 CMO＝20 日钱德动量摆动指标

30 日 CMO＝30 日钱德动量摆动指标

50 日 CMO＝50 日钱德动量摆动指标

组合 CMO＝（10 日 CMO＋20 日 CMO＋30 日 CMO＋50 日 CMO）/4

CMO＞＝50 超买

CMO＜＝−50 超卖

　　我们使用日数据来计算这些排名。如果你愿意，也可以使用周数据来进行排名，这将减少交易的频率，因为你只会买那些CMO 为正的股票。

　　也可以通过寻找排名前列的高估股票和排名垫底的低估股票，使用该排名进行反趋势交易。你也可以在超卖股票中寻找反弹的交易机会，以及在超买股票中寻找回调买进的机会。表 8.6 包括了四个时间段，可以研究那些数据，看看每只股票在不同时间段内所处的位置。当连续几周研究这样的统计表时，你会发现它特别有用。而且，它比研究相应图表效果来得更快些。

　　让我们来回顾一下"轮转"表：通过将动量摆动新指标与线性回归相结合，我们构建了这些"轮转"表格。我们还利用将不同时间段数据组合成一个复合指标的想法。现在很明显的是，如何将这些理念相融合以改善你的交易行为。

　　为了进一步激发创新，表 8.7 显示了如何将我们的新指标进行组合，以求在不同的交易风格下获得交易上的优势。你已经看到了有关 CMO 驱使的 VIDYA 和市场轮转的详细讨论。如果是与股市时机相结合的话，可组合 Qstick、随机 RSI、推力震荡指标，以及价格目标。例如，如果 Qstick 和随机 RSI 的超卖情况被推力震荡指标的极值所验证，那么你可以在 L1 价格目标处落袋为安。这里，我们将日内动量（Qstick）与日间动量（随机 RSI），以及股票上涨家数/下跌家数（推力震荡指标）等组合在一起。持仓管理工具包括 MFE、波动率止损点、价格预测，以及交易模板。它们可以帮助你设置独特的止损点，这对提高盈利能力至关重要。

表 8.7　分析中组合指标的例子

项目	CMO 驱使的 VIDYA	市场轮转	股市时机	持仓管理	价格极值	趋势
斜率		*			*	
r^2		*				*
VIDYA	*			*		
Qstick			*			
CMO	*	*			*	*
随机 RSI			*		*	
MT			*			
推力震荡指标（TO）			*			
MFE				*		
波动率止损	*			*		*
价格目标				*		
交易模板	*			*		

　　根据你采用的时间框架，你可以使用回归斜率或动量指标（CMO、随机 RSI，或 DMI）来确定价格极端状态。有时，想确定市场是否存在趋势时，可以使用线性回归 r^2、absCMO，甚至是波动率止损等工具。你可以通过将这些灵活而又功能强大的指标融入你的交易风格中去，从而衍生出许多其他的组合工具。我们鼓励你这样做，因为你的独特组合工具能够在当今艰难的市场中为你提供非常需要的分析上的优势，从而提高收益。

参考文献

Altman, Roger. "Relative Momentum Index: Modifying RSI." *Technical Analysis of Stocks 4 Commodities*, Vol. 11, February, 1993 p. 30-35.

Arms, Richard. *The Arms Index: An Introduction to the Volume Analysis of the Stock and Bond Markets*. Homewood, IL: Dow Jones-Irwin, 1989.

Babcock Jr. , Bruce. *Business One Irwin Guide to Trading Systems*. Homewood, IL: Business One Irwin, 1989.

Baisara, Nauzer J. *Money Management Strategies for Futures Traders*. New York: John Wiley & Sons, Inc. , 1992.

Blau, William. "The Ture Strength Index." *Technical Analysis of Stocks & Commdities*. Vol. 9 No. 11, November, 1991 pp. 18-31.

Burke, Gibbons. "Gain without Pain: Money Management in Action." *Futures*, Dec 1992, (Vol XXI#14) pp. 36-38.

Chande, Tushar S. "Adapting Moving Average to Market Volatility." *Technical Analysis of Stocks & Commodities*, Vol. 10, No. 3 (Mar 1992), pp. 108-114. Copyright 1992 Technical Analysis, Inc. Used with permission.

Chande, Tushar S. "forecasting Tomorrows Trading Day." *Technical Analysis of Stacks & Commodities*. Vol. 10, No. 5 (May 1992), pp. 220-223. Copyright 1992 Technical Analysis, Inc. Used with permission.

Chande, Tushar S. "Market Thrust." *Technical Analysis of Stocks & Commodi-*

ties. VqJ, 10. No, 8（Aug 1992）, pp. 347-350. Copyright 1992 Technical Analysis, Inc. Used with permission.

Chande, Tushar S. "Smart Stops." *Technical Analysis of Stocks & Commodities.* Vol. 10. No. 12（Dec 1992）, pp. 507-509. Copyright 1992 Technical Analysis, Inc. Used with permission.

Chande, Tushar S., and 斯坦利·克罗. "Stochastic RSI and Dynamic Momentum Index," *Technical Analysis qf & ocks& Commodities.* Vol. 11, No. 5（May 1993）. Copyright 1993 Technical Analysis, Inc. Used with permission.

Kaufman. Perry J. *The New Commodity Trading System and Methods.* New Yock: John Wiley & Sons, Inc. 1987.

Knight, Sheldon. "Tips, Tricks, and Tactics for Developing Trading Systems." *Futures*, Jan 1993（Vol. XII, #1）PP. 38-40

Knight, Sheldon. "Trading System Redux." *Futures.* Feh 1993（Vol. XII, #2）, pp. 34-36

Kroll, Stanley. *Kroll on Futures Trading Strategy.* Homewood, 1L: Dow Jones-Irwin, 1988.

Kroll, Stanley and Michael J, Paulenoff. *The Business One Guide to The Futures Markets*, Homewood, IL: Business One Irwin, 1993.

Le Beau, Charles and David W. lucas. *Technical Traders Guide to Computer Analysis of the Futures Markets.* Homewood, IL: Business One Irwin, 1992,

Meibuhr, Stuart. "OEX and the Thrust Oscillator." *Technical Analysis of Stocks & Commodities.* March. 1993, p. 58.

Morris, Greogry. *Candlepower.* Chicago: Probus Publishing, 1993.

Murphy, John J. *Technical Analysis of the Future Markets.* New York: New York Institue of Finance, 1986.

Nison, Steve. *Japanese Candlestick Forecasting Techniques*, New York: New York Institue of Finance, 1991.

Pardo, Robert. Design, *Testing, and Optimization of Trading Systems.* New

York: John Wiley & Sons, Inc. , 1992.

Schwager, Jack D. *A Complete Guide to the Future Markets*. New York: John Wiley & Sons, Inc. , 1984.

Snedecor, George W. , and William G. Cochran. *Statistical Methods 8th Ed.* Ames, IA: Iowa State University Press, 1989.

Sweeney, John. "Where to Put Your Stops," *Technical Analysis of Slocks & Commodities*. December, 1992 (Vol. 10, #13), p. 30.

Rotella , Robert P. *The Elements of Successful Trading*. New York : New York Institue of Finance, 1992.

Vince, Ralph. *The Mathematics of Money Management*. New York: John Wiley & Sons, Inc. , 1992.

Vince, Ralph. *Portfolio Management Formulas*. New York: John Wiley &Sons, Inc. , 1990.

White, Adam. "Tuning into Trendiness with the VHF Indicator," *Futures*, Aug. 1991, p. 20-23.

Wilder Jr. , J. Wells. *New Conceps in Technical Trading Systems*. Greensboro, NC: Trend Research. 1978.

索 引

A

and volatility，~和波动率（原文 134~136，141 页）

E

Engineers，工程师（原文 162）

F

Failure Rates of Indicators，指标失效比率（原文 1~3 页）

Fibonacci Retracements，斐波那契回调位（原文 176 页）

Flexible Parameter Trading Models，灵活参数交易模型（原文 137 页）

Forecast Oscillator，预测摆动指标（原文 151~158 页）

G

General Electric（GE），通用电气（原文 87~89，107 页）

Gold Futures，黄金期货（原文 20~23，174~176 页）

I

IntelCorporation（INTC），英特尔公司（INTC）（原文 29~34 页）

Intraday Momentum Index（IMI），日间动量指数（IMI）（原文 80~81，91~92 页）

Interday trading 日内交易

参阅"随机 RSI 摆动指标"

and hourly data trading~和用小时数据进行交易

J

Japanese Yen Futures，日元期货（原文 168~69，174~75 页）

L

M

1. 高级趋势技术分析
2. 高级波段技术分析

作者：阿尔·布鲁克斯

　　这套丛书是写给严肃的交易者看的，阿尔的书最大价值在于，阐述了理解价格行为以及逐根K线分析走势图有助于追踪通常由机构所推动的形态，通过小止损、早入场，让机构为个人投资者"抬轿"并最终获利。

　　在这套丛书中，布鲁克斯主要通过5分钟周期的K线图来阐述一些基本原则，但也讨论日线图和周线图，书中也有如何将价格行为分析用于股票、外汇、国债期货和期权的内容。

期货、外汇
PA、裸K
刮头皮

价格行为技术先驱 AL BROOKS

期货、外汇
PA、裸K
刮头皮

价格行为技术先驱 AL BROOKS

3. 日本蜡烛图技术

作者：史蒂夫·尼森

　　这是您一直想了解的日本蜡烛图技术细节，来自K线之父的经典教程，完美融合了日本蜡烛图和西方的交易技术。

　　证券交易经典基础知识书籍，全新的译本，全新的阐述，精选的内容。

2017年新版
舵手证券出品

K线之父　史蒂夫·尼森

4. 斐波那契交易法
作者：拉瑞·萨拉温托

　　帝纳波利之师，斐波那契交易技术的开创者，当今金融界倍受推崇的交易专家之一。

　　斐波那契交易法不是一个交易系统，而是一种准确判断力和纪律交易的方法，掌握了它，你就拥有了实现财务自由的更大把握。

5. 短线交易大师
作者：杰克·伯恩斯坦

　　瞬息万变的短线交易市场不存在准备充分一说，决策必须争分夺秒地做出，这就要求交易者利用能用到的好的交易策略和工具。

　　在高风险高回报的超短线交易中获取利润，就从阅读美国著名短线交易技术大师的书开始吧！

6. 建立稳固的交易系统
作者：基斯·费申

　　这是您一直想了解的日本蜡烛图技术细节，来自K线之父的经典教程，完美融合了日本蜡烛图和西方的交易技术。

　　证券交易经典基础知识书籍，全新的译本，全新的阐述，精选的内容。

7. 日内交易入门

作者：杰克·伯恩斯坦

　　超短线交易技术核心内容是稳固而且简单易学的。本书涵盖了短线交易的各个方面，解释为什么短线交易技术起作用，如何在金融市场中扮演恰当角色，如何引导风险。内容从基础开始，然后逐渐转移到高级话题。

8. 华尔街操盘手是怎样炼成的

作者：罗布·布克

　　这是一本通俗易懂、风格独特而又让人享受到阅读乐趣的书。作者以非常风趣的方式告诉我们在交易时如何避免犯下最常见的错误。如果您已经厌烦了阅读课本式的入门书籍，那么这本书非常适合您，强烈推荐这本书。

9. 低风险高收益动态交易指标

作者：马克·W.黑尔韦格
　　　　戴维·C.司汤达

　　本书介绍了一种全新的蜡烛图——价值图。您可以凭借本书，尽情地学习这种革命性的交易指标，它已经为你打开了通往交易成功、风光无限的大门。本书可以说是股票和期货交易者必读之书。